宇宙通信戦争《スペイス・アイティー・ウォー》で勝利した
トランプ革命
今、アメリカで起きている本当のこと
II

ベンジャミン・フルフォード
Benjamin Fulford
副島隆彦
Soejima Takahiko

まえがき

副島隆彦

1

アメリカでトランプが勝利して、革命が再び起きた。この革命はどのようにして達成されたか。この本がその真実を伝える。

この本はベンジャミン・フルフォード氏と私との3冊目の対談本である。フルフォード氏は、今も私たちに精力的に真実の世界情報を伝え続けることで、日本人が真の改革運動、即ち革命《レヴォルーション》を起こすことを願っている。

だが、私たちはまだじっとして動かない。

世界の動乱がもうすぐ押し寄せて来る。そのとき私たちも動き始める。

トランプたちが実は用意周到に大統領選に準備して勝利したのである（11月6日）。アメリカ国民の圧倒的な支持、即《すなわ》ち投票数の9割を取った。フルフォード氏も言っている。

即ちトランプが1・3億票、カマラ・ハリスはたったの2000万票である。しかし、この真実は今も世界に伝わらない。

大きな真実は、この書の書名のとおり、宇宙通信戦争 Space《スペイス》 IT《アイティ》 War《ウォー》 だったのである。このことをフルフォード氏と私が、本書の冒頭から勢い込んで皆さんに教える。

即ち、敵ディープステイトが仕掛けていた不正選挙 rigged《リグド》 election《エレクション》 用の軍事用《ミリタリー》の通信衛星《コミュニケイション・サテライト》である「フチーノ・タワー」Fucchino Towerを、イーロン・マスクのスペースX社のスターリンク Starlink の衛星群が、11月3日から攻撃して通信不能にした。これで5000万票の大量の票《ヴォウト》の違法な移し替え《フリップ》が大《だい》失敗した。

これにはトランプに忠誠を誓っている米宇宙軍（スペイス・フォース Space Force）と、空軍《エアフォース》の対テロ特殊通信部隊が加わっている。

フルフォード氏とそれから西森マリー氏の2人だけが、現地アメリカの真の内部情報を持っていた。即ち「米軍の良心派」（フルフォード氏の言葉）とずっと連絡を取り合っていたので、お2人は真実を知っていた。だからトランプが必ず勝つ、と。ただしこの真実も、まだ日本国内の公《おおや》け（public《パブリック》、人々のいる処）に伝わらない。
だから本書の刊行は、世界レベルの最《さい》高級の重要な知識、情報を日本国に最初に到達させるという意義を持つ。

私は、ドナルド・トランプが選挙の最終段階の投票日に、自分のＳＮＳの Truth Social トルース・ソウシアルで、盛んに、「（投票所の）列《れつ》から離れるな。Stay《ステイ》 line《ライン》, Stay line. 我慢して並んで投票しなさい」と必死で発信していたことでピンと来た。とくに職を失っている白人労働者たちに熱心に呼びかけていた。「あいつらはまた選挙不正をやるぞ」と。

これらのこととの意味が、私はトランプ当選のあとで分かった。ザブーンとものすごい数の労働者が投票所に押しかけてトランプへの大量信任となった。

もうディープステイト側はグウの音《ね》も出ない。一般投票（ポピュラー・ヴォウト）でも自分たちの大敗であることを自覚した。そしてこれから、がトランプ革命の正念場である。アメリカン・デモクラシーの行方を私たちは目を皿《さら》にして追いかける。

この本を書くために、秀和システム編集部の小笠原豊樹氏に並々ならぬ骨折りをいただいた。対談者2人からお礼を言います。

2024年12月18日

副島隆彦

『宇宙通信戦争で勝利したトランプ革命　今、アメリカで起きている本当のことⅡ』◆目次

第2章　日本はアメリカの属国を辞められるのか……101

＊本書は、米大統領選の結果が判明してから9日後の2024年11月15日、都内某所にて収録された対談を編集したものである。

装丁・泉沢光雄
カバー&章扉写真・赤城耕一
組版・オノ・エーワン

第1章

宇宙通信戦争《スペイスアイティーウォー》でトランプが勝利した大統領選挙

◆スペースX社のスターリンク衛星がディープステイトの選挙泥棒衛星を破壊

副島　万歳。トランプが当選して勝利しました。

ベンジャミン・フルフォード　本当よかったですね。

副島　よかった、よかったという日本語しかないよ。

BF　賭け事をするとき、自分が勝ってほしいチームじゃないチームに賭けることってあるじゃないですか。そうすれば、自分の応援しているチームが負けても、残念賞のご褒美が来るから。だから、私は、副島さんが「ハリスが勝つ、ハリスが勝つ」と言っていたのは、本当はトランプに勝ってほしかったけど、予防線を張っていたのかなと思っていました。

副島　私の人生、いつも負け続けで、勝つことがなかったものですから、今回もディープステイトは巨大な不正選挙を必ずする、と予測していたんです。それは、学生時代からずっと私が新左翼《ニューレフト》の活動家で、闘うぞ、闘うぞ、と言ってずっと酷い目に遭ってきま

スペースX社のスターリンク衛星群が、ディープステイト側のヴァチカンの軍事衛星の「フチーノ・タワー」のトランスポンダー（電波中継機）を宇宙空間で破壊した。これで大規模な不正選挙を阻止できた。だから2024年のアメリカ大統領選挙はトランプが圧勝！

スペースX社のロケットは一度打ち上げられたものが、逆噴射しながら発射台に戻ることができる（2024年９月成功）。この技術は世界でスペースX社しか持っていない。

した。どれぐらいバカだったか。17、18歳からの自分。しかし実際には、いつも負け。権力、体制に勝てるわけがない。だから私の人生を顧みた時に、勝つ勝つと言う奴ほど実際には勝てない。つまりそれぐらい現実は重たい。だから30歳代からあとは注意深く、用心深くなりました。単純な正義感では動かなくなった。必ず深く疑うようになった。じっくりとものごとの裏側を見抜こうとする精神が身につきました。真剣に考えてみたら、奴ら、ディープステイト側は必ずまた不正選挙をする、と。

BF　今回も実際に、不正しようとがんばったけれども、大きな衛星の爆発があって、イーロン・マスクの軍のほうが「スターリンク衛星」Starlink を使って、4年前の選挙のときに使われた選挙泥棒衛星を今回は撃ち落としたらしい。

それからもう1つ。トランプが YouTube を出すと5000万人の人が観るのに、カマラ・ハリスが YouTube を出すと、最大でも200万人の人しか観ていなかった、という数字が挙がっている。余りにもカマラ・ハリスが負け過ぎて、選挙泥棒でもカバーできなかった。

副島　そういうことですね。圧倒的にトランプへの投票数が多かった。前回の選挙のと

今回もやはり「カマラ・ジャンプ」の不正は行われた！

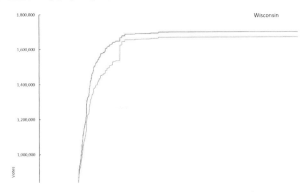

「ジャンプ」をしても、それでも勝てないほどトランプの圧勝だった

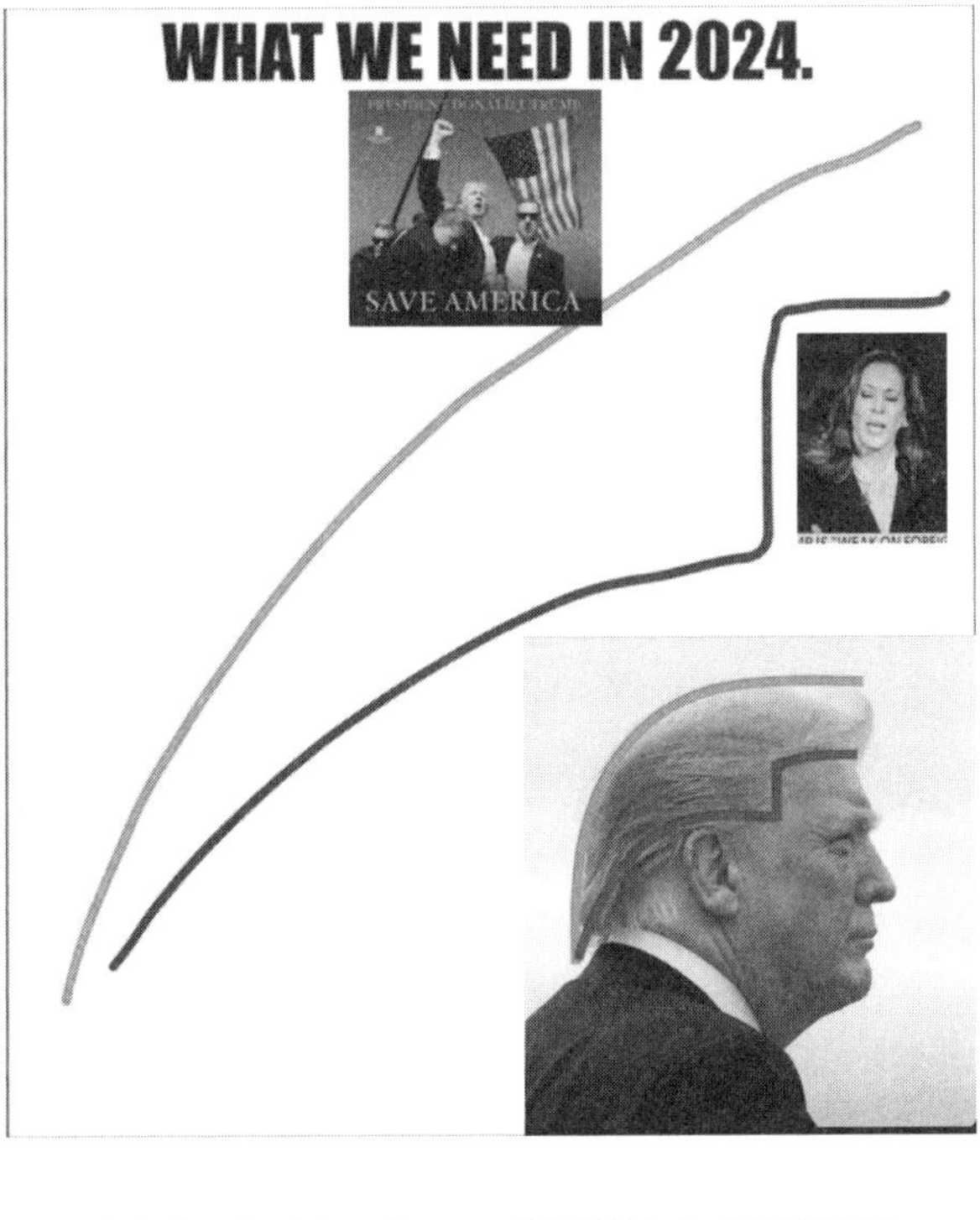

きに話題になった、選挙速報で報道された得票推移のグラフは、明らかに不自然だった2020年の「バイデン・ジャンプ」と同じように、今回も「カマラ・ジャンプ」があった。しかし、ジャンプしても届かないくらいトランプの票がずっと上をいった。簡単に言うとこういうことですね。

フルフォードさんが今言った、スターリンク衛星群を使ってディープステイト側の謀略衛星を破壊したというのは本当だと思う。イーロン・マスクのスターリンクはもの凄く強いそうです。世界最強の衛星通信網《もう》です。ロシアも中国も敵《かな》わない。それが不正選挙用の「ドミニオン」Dominion のソフトを破壊した。こう考えないと理屈が合わない。

フルフォードさんが今、証言してくれたことは非常に重要です。ディープステイト（カマラ・ハリス側）は、やはり大規模な選挙不正をやろうとして準備していた。違法に遠隔操作で、得票数を大量に5000万票とか移し替えるコンピュータ・ソフトである「ドミニオン」（エリック・クーマーが社長）を作動させていた。

ところが、それを、イーロン・マスクが持っている「スターリンク」という今の世界で最先端の宇宙通信ソフトが、ディープステイト側の軍事通信衛星である「フチーノ・

タワー」Fucchino Tower のトランスポンダー（電波中継機）を、宇宙空間で破壊した。通信不能にした。それでドミニオンが、7つの激戦州（バトルグラウンド・ステイト）に仕掛けてあった、違法な細工を停止させた。これには、米軍の中の宇宙軍（スペイス・フォース Space Force）が動いて、米宇宙軍が管理する軍事衛星たちを使った。

このフチーノ・タワーという軍事通信衛星は、イタリア政府の所有だ。それをヴァチカン（ローマ・カトリック教会）に貸与しています。だから今度も、2020年の11月（ジョー・バイデンを無理やり勝たせた）の選挙不正に続いて、トランプを叩き落とそうとした。

前回の2020年11月の巨大な不正選挙については、私は『裏切られたトランプ革命』（秀和システム、2021年3月刊）という本ですでに詳しく書きました。この本は歴史資料としてとても重要な本です。このヴァチカンの違法行為の通信を中継したドイツの大都市フランクフルトにある、CIAのデータセンターの建物を、当時のディープステイト（ヒラリーの直属）の子分だった、CIAの女長官のジーナ・ハスペルのあとを追跡して来た、トランプ派の空軍《エア・フォース》の対《たい》テロ特殊部隊（スペシャル・フォース）のエズラ・ワトニック大佐が率いる「デルタ・フォース」が急襲した。この時、4人の最強のデルタ・フォースの隊員が、ＣＩＡ側の傭兵（マーシナリー。こいつらも特殊部隊＝スペシャル・フォーシズ＝あがり）との撃ち合い（銃撃戦）で死んだ。このようにして陰で死んでゆく英雄たちの死の知らせを聞いたトランプは、ホワイトハウスで泣いた。妻のメラニアの証言があります。

だから、今回もこのドミニオンで、５０００万票の投票数をカマラ・ハリスに移し替える（flip フリップ、あるいは switch スウイッチする）つもりだった。だが、ディープステイト側はこれに大失敗した。それでトランプの大勝利となった。このことをフルフォードさんが断言してくれたことは、とてつもなく重要なことです。

だから、今回のトランプの勝利は、この宇宙通信戦争（space IT war スペイス・アイティー・ウォー と呼ぶべきだ）で、トランプ側の大勝利となった。だから、ここで一番重要だったのは、何度でも強調しますが、イーロン・マスクのスペースX社が開発して持っているスターリンクの世界先端技術（ハイテック）だ、ということです。

トランプを一貫して強固に支持している米空軍（エア・フォース）と、それと宇宙軍（これは新たにトランプが創設した軍。核兵器もここが管理する）が、真実は、ずっとこの「不

当選が決まった11月６日午前２時頃。イーロン・マスクと真剣に話し込んでいるドナルド・トランプ

この時、２人は何を話したか。

このあとの大ホールでの勝利演説では、すっとぼけた感じで「イーロンのスペースＸ社の宇宙ロケットは、スゴイんだぞ。打ち上げた後、じっと待っていたら、45分後に、このロケットが宇宙空間から帰って来た。そして、発射台に、そのまま立ったまま静かにすーっと降りて来たぞ。この技術は、チャイナーやロシアーも持っていない、とイーロンが言っていたゾ。やっぱりこいつは天才経営者だ」と話した。

ドミニオンの集票機の得票数の捏造の実行

「真犯人が発見されてすべて自白した」

イタリア、ローマ（2021年1月5日）——世界で8番目の規模であるグローバル防衛関連請負業者のLeonardoレオナルドSpA社、その1人の社員が、衝撃的な宣誓供述書を提出した。その宣誓供述書には、米国の選挙に影響を与える最も手の込んだ犯罪行為であり、彼の果たした役割について詳細が記載されている。国際的な介入に関するラトクリフ国家情報長官の報告書を裏づけた。

社員のアルトゥーロ・デリア（Arturo D'Elia）は、この悪だくみについて、概要を自白した。この供述書で、イタリアのペスカラ（Pescara）にあるレオナルド社のコンピュータ・システムと複数の軍事衛星を利用することに成功したことを証明した。レオナルド社はハッキングされていた。最近の報道は、イタリア政府が一部所有している同社に関する悪評を打ち消すための仕組まれた偽装であったようだ。

デリア被告は、ローマにある米国大使館で働いている複数の米国人の指示と命令の下で、2020年11月3日の米国選挙のデータを、大差をつけたドナルド・トランプの勝利からジョー・バイデンへと、バイデンが負けていた多くの州で変換する作戦を自分は請け負ったと自白供述している。

供述書は、レオナルドSpA社のペスカラにある施設でこの作業を行い、変換された票を軍事衛星のフチーノ・タワー（Fucchino Tower）を経由してドイツ・フランクフルトに送信した。その際に、軍用（ミリタリーグレイド）のサイバー戦争用暗号化機能を使ったと述べた。被告は、いくつかのケースでは、これらデータを、登録された有権者総数よりも多くなるように変換したと誓って発言している。

この宣誓供述書は、イタリア最高裁判所の弁護士であるアルフィオ・ドゥルソ教授を通して管掌《かんしょう》する裁判所に提出された（左頁）。

副島隆彦『裏切られたトランプ革命』
（秀和システム、2021年3月27日刊）p.58-59

決定的証拠。ローマで世界中の選挙の票の違法操作をしていた。

宣誓供述書

GENERAL AFFIDAVIT

Region of Lazio
Country of Italy

I, Prof Alfio D'Urso, Advocate/Lawyer, of Via Vittorio Emanuele, Catania, 95131 Italy, do hereby provide the following affidavit of facts as conveyed in several meetings with a high level army security services official:

Arturo D'Elia, former head of the IT Department of Leonardo SpA, has been charged by the public prosecutor of Naples for technology/data manipulation and implantation of viruses in the main computers of Leonardo SpA in December 2020. D'Elia has been deposed by the presiding judge in Naples and in sworn testimony states on 4 November 2020, under instruction and direction of US persons working from the US Embassy in Rome, undertook the operation to switch data from the US elections of 3 November 2020 from significant margin of victory for Donald Trump to Joe Biden in a number of states where Joe Biden was losing the vote totals. Defendant stated he was working in the Pescara facility of Leonardo SpA and utilized military grade cyber warfare encryption capabilities to transmit switched votes via military satellite of Fucino Tower to Frankfurt Germany. The defendant swears that the data in some cases may have been switched to represent more than total voters registered. The defendant has stated he is willing to testify to all individuals and entities involved in the switching of votes from Donald Trump to Joe Biden when he shall be in total protection for himself and his family. Defendant states he has secured in an undisclosed location the backup of the original data and data switched upon instruction to provide evidence at court in this matter.

I hereby declare and swear the above stated facts have been stated in my presence.

DATED this 6th day of January 2021 at Rome, Italy.

General Affidavit

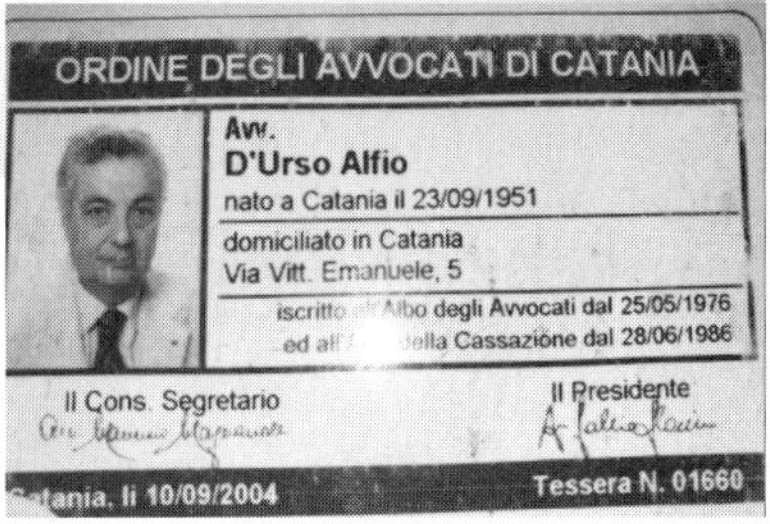

NATION IN ACTION
のサイトから

正選挙を阻止する」ために、この4年間、黙々と動いていた、ということです。凄《すご》いものです。

私は、ずっと「おかしいなあ。トランプたちは、何もしないで、自分たちが巨大な不正でまた負けさせられるのを、黙って見ているのかなあ。馬鹿だなあ」と不思議に思っていた。ところがやはりトランプは知恵者《ちえ》です。とんでもない怪物《モンスター》だ。ちゃんと対策を着々と立てていた。

イーロンが持っている、このスターリンクの技術は、世界最先端で素晴らしいものだ。宇宙通信技術や人工衛星のことなど私は何も知らないから、これ以上は分かりません。しかし、勝利後の10日間のトランプとイーロンの密着ぶりを見ていると、やはり、今度のトランプ勝利の殊勲賞、MVPはイーロン・マスクですね。トランプが、「イーロン・マスクは、天才経営者だ」とずっと手放しで褒《ほ》めている。勝利演説（現地時間で真夜中の2時28分から25分間、演説した）の時も、「あのな。イーロンのスペースX社のロケットは、スゴイんだぞ。打ち上げた後、じっと待っていたら、45分後に、このロケットが宇宙空間から帰って来た。そして発射台に、そのまま立ったまま静かにすーっと降りて

11月 6 日午前 2 時28分から25分間、勝利演説を行ったドナルド・トランプ第47代大統領

This is a movement like nobody's ever seen before and, frankly, this was, I believe, the greatest political movement of all time. There's never been anything like this in this country.
「正直、こんなムーヴメントはこれまで誰も見たことのなかったものだ。史上最大の政治運動だったことは間違いない。この国でこんなことはかつて無かった」
写真左から次男エリック・トランプ、その妻ララ・トランプ、ドナルド・トランプ、メラニア夫人。

来た（stand down スタンド・ダウンした）ぞ。イーロンは、この技術は、チャイナー（中国）やラシアー（ロシア）もまだ持っていない、と言った。やっぱりこいつは天才経営者だ」と、トランプは、すっとぼけた感じで、大いにイーロンを褒めました。私はこの映像を見ながら、トランプの真意は、一体何だろう、と首を傾《かし》げていた。今、フルフォードさんの証言を聞いて、真実が一瞬のうちに分かりました。私の頭脳は、こういう時、裏側の真実が一瞬にして分かるように出来ている。

◆指名された重要閣僚たち

副島　それで、トランプ当選後の今日、フルフォードさんにいろいろ聞きたいと思って質問事項をまとめてきたんです。私が一番重要だと思っているのは、今言ったドミニオン・システムが作動するのをどうやって食い止めたかです。フルフォードさんがスターリンクで撃ち落としたと証言してくれたので、やっぱりそうだ、と思いました。私が入手した情報と一致します。

BF イーロン・マスクはアメリカ国家偵察局 National Reconnaissance Office の、実は代表らしいのです。つまり、アメリカ軍の偵察部門の代表なのですよ。だから、いつもロケット飛ばしたり、衛星飛ばしたりしている。アメリカの宇宙軍が今回の勝利の立役者だと私は聞いています。

副島 そうです。宇宙軍（US Space Force）の勝利だ。本当にそうでしょうね。宇宙軍のトップは、ジョン・ウィリアム・レイモンドですよ。統合参謀本部議長（ザ・ジョイント・チーフ・オブ・スタッフ。2023年10月から）は空軍（エア・フォース）のトップ、チャールズ・Q・ブラウンです。このブラウンは今回、首になると言われています。

BF そうですね。要は、正直言うと、黒人だからじゃないかと言われています。これまでオバマが裏で仕切っていましたからね。

副島 ところが、黒人のブラウンはトランプを裏切っていなかった。レイモンドと2人でイーロン・マスクを支えていたんですね。空軍と宇宙軍はずっとトランプ支持だと言われていた。私の本でもそのように書いてきた。だからトランプの勝利となった。

私が今日聞きたいのは、11月6日午前2時に、トランプはマール・ア・ラーゴの邸宅を出たんです。そして、午前2時15分ぐらいにパーム・ビーチのホールに着いた。このあと2時28分から25分間、勝利宣言の演説をした。その前に撮られた写真がこれなんです（19ページ）。トランプとイーロン・マスクと選対《せんたい》の男です。この写真はまさしく勝利直後の写真です。背後の選対のトランプ側近《スタッフ》の者たちが抱き合って喜んでいるのが写っている。ここで一体、何を話していたか。このとき、やっぱり「イーロン、スターリンクで、敵の選挙泥棒衛星を撃ち落としてくれてありがとう」と言ってたんじゃありませんか。

BF　その可能性はあるよ。

副島　そしておそらく、この3人で話し込んでいる内容は、トランプがイーロン・マスクに、「おい、イーロン。（FOXのオーナーの）ルパード・マードックからオレに電話があった。ルパートがよ、FOXをお前に売りたいってよ」と言ったんじゃないか。私は、FOXチャンネルは時価《じか》総額（プレゼント・ヴァリュー）で300億ドル、約5兆円ぐらいのものだと思うんですけどね。それに対してイーロンは「考えてみる」と言ったんじゃないか、と私は思っていましてね。つまり、このままじゃFOXは潰れてしまいますからね。イーロンがFOXを買うと、トランプは自分のトランプ放送局を持つことになりますから、俄然強い。追放されているタッカー・カールソンが、副社長で総合司会者（MC）《エムシー》でFOXの看板番組にカムバックするでしょう。

BF　今回の選挙戦を見ていて、従来の大手マスコミが以前みたいに世論操作できなくなって、大手マスコミを見ている人が少なすぎた。ほとんどの人はXとか、大手マスコミではないものを見ていた。自分のことを言うのは気が引けますが、私の英文メルマガは月間5000万人の人が観ている。それはフォーブスの視聴者の10倍以上です。有名なポッドキャスターのジョー・ローガンなんかも、何億人の人が観ています。

以前なら、新聞系の大手マスコミは、高速・高性能の大きな輪転機をばんばん回して、全家庭、あるいは全ニューズスタンドに紙媒体の新聞を配るネットワークを持っていたし、テレビ局はお役所（政府）から割り当てられた電波を独占的に使わせてもらって、莫大な施設を使って全国に放送できた。FOXもMSNBCも。ところが、今はスマートフォンを持っていれば、誰でも操作されていない情報にアクセスできるようになった。仲介役が要らなくなった。そして自ら発信もできる。間に入る大手マスコミ企業が要らなくなった。タッカー・カールソンがいい例です。彼はＦＯＸのときは視聴者が６００万人もいなかった。ところが独立したら彼のＸの視聴者は億単位になった。

副島　そうですね。大手メディアの力が凋落《ちょうらく》しています。

大事なことは、昨日（11月14日）から閣僚（キャビネット・メンバーズ）が次々と発表されています。現在分かっている人を羅列して、フルフォードさんに伺いたい。

まず、マット・ゲーツが司法長官にトランプから指名されました。司法省（Department of Justice）のトップです。私にとってはやはりこのＤｏＪ《ディオウジェイ》（Department of Justice）、司法省が重要です。なぜなら、この司法省に検事総長（Attorney General）以下がべたっとたくさん張りついていて、こいつらが悪いことをいっぱいやった。トランプをたくさんの容疑で34件も起訴した。下院議会《ハウス》で、このマット・ゲーツの横にいつもマージョリー・テイラー・グリーンが座っています。マージョリー・テイラー・グリーン女史こそはＱアノンです。戦闘的で一番勇敢な女性議員だ。だからゲーツもＱアノンです。とたんにゲーツは17歳の少女の買春《かいしゅん》をやったとかいう疑惑が出て、下院で訴追されそう

29
司法長官に指名されたマット・ゲーツは「未成年者の性的人身売買」容疑が取り沙汰されたので、指名を辞退（11月21日）。代わりに元フロリダ州検事総長パム・ボンディが指名された

マット・ゲーツ

パム・ボンディ
このボンディは児童虐待・人身売買の取り締まりに実績がある。

【副大統領】
J・D・ヴァンス(James David Vance, 1984-)
オハイオ州選出上院議員。著書『ヒルビリー・エレジー』（2016年）がベストセラーに。

【国務長官】
マルコ・ルビオ(Marco Antonio Rubio, 1971-)
フロリダ州選出上院議員。

【国防長官】
ピート・ヘグセス(Pete Hegseth, 1980-)
2014-2024、FOXニュース司会者。

【国家情報長官】
トルシー・ギャバード(Tulsi Gabbard, 1981-)

【ＣＩＡ長官】
ジョン・ラトクリフ(John Ratcliffe, 1965-)
第１期トランプ政権で国家情報長官(2020-2021年)。

【国土安全保障長官】
クリスティ・ノーム(Kristi Noem , 1971-)

【政府効率化省トップ】
イーロン・マスク(Elon Musk, 1971-)
スペースX、テスラのCEO。政府効率化省はビベック・ラマスワミ氏と共同で率いる。

トランプ新政権主要閣僚(2024年12月1日現在)

【大統領首席補佐官】
スージー・ワイルズ(Susie Wiles, 1957-　)
トランプ陣営の選挙対策本部長を務めた。

【大統領次席補佐官】
ダン・スカビノ(Dan Scavino, 1976-　)
第1期トランプ政権でも大統領次席補佐官(2020-2021年)。長年トランプの側近。元ゴルフキャディ。

【国家安全保障担当補佐官】
マイケル・ウォルツ(Michael Waltz, 1974-　)

【政策担当次席補佐官】
スティーヴン・ミラー(Stephen Miller, 1985-　)
第1期トランプ政権の大統領上級顧問・スピーチライター。

【国連大使】
エリス・ステファニック(Elise Stefanik, 1984-　)

【大統領報道官】
カロライン・リービット(Caroline Leavitt, 1997-　)

【教育長官】
リンダ・マクマホン(Linda McMahon, 1948-)
第1次トランプ政権で中小企業庁長官(2017-19年)。

【労働長官】
ロリ・チャベス・デレマー(Lori Chavez-DeRemer, 1968-)
オレゴン州選出下院議員。

【環境保護局長官】
リー・ゼルディン(Lee Zeldin, 1980-)
元ニューヨーク州選出下院議員。

【農務長官】
ブルック・ロリンズ(Brooke Rollins, 1972-)
保守系シンクタンク「アメリカ第一政策研究所」所長。

【運輸長官】
ショーン・ダフィー(Sean Duffy, 1971-)
元ウィスコンシン州選出下院議員、検察官、テレビ司会者。

【住宅都市開発長官】
スコット・ターナー(Scott Turner , 1972-)

【通商代表部(USTR)代表】
ジェミソン・グリア(Jamieson Greer, 1979-)
第1次トランプ政権で通商代表部chief of staff(2017-2020年)。

【保険福祉長官】
ロバート・ケネディ・ジュニア(Robert Kennedy Jr., 1954-)
父ロバート・ケネディ、伯父ジョン・F・ケネディ。

【司法長官】
パム・ボンディ(Pam Bondi, 1965-)
元フロリダ州検事総長。マット・ゲーツの指名辞退の後、指名。

【司法副長官】
トッド・ブランチ(Todd Branch, 1974-)
トランプが起訴された裁判で弁護士を務めた。

【財務長官】
スコット・ベッセント(Scott Bessent, 1962-)
キー・スクエア・グループ創立者。トランプの選挙キャンペーンの主要な資金提供者の1人。

【商務長官】
ハワード・ラトニック(Howard Lutnick, 1961-)
米投資銀行キャンター・フィッツジェラルドのCEO。

【エネルギー長官】
クリス・ライト(Chris Wright, 1965-)
採掘会社「リバティー・エナジー」CEO。

【内務長官】
ダグ・バーガム(Doug Burgum, 1955-)
ノースダコタ州知事。

だ。昨日、ゲーツは下院議員を辞めました。だから司法長官一本でやってこうとした。このゲーツは、きっとQ《キュー》の突撃隊長格《かく》だ。ゲーツがディープステイトの人間たちがどっぷり浸かっていた人身売買ネットワーク（Human Trafficking Network ヒューマン・トラフィッキング・ネットワーク）を公然と暴いて、ペドフィリア（異常幼児性愛症）の悪党どもを裁判にかけるかどうか。

フルフォードさんも私も日本のコンスピラシー・セオリストの代表と言われている。私自身もコンスピラシー・セオリスト conspiracy theorist と呼ばれることは認めています。ただし、それは日本語では、権力者（の）共同謀議（は有る）理論と訳すべきだ。✖陰謀論とは絶対言うな。陰謀論などというヘンな言葉を使うな。私たち真実の言論派（トルース・アクティヴィスト truth activist）に対して失礼だ。私たちをバカにして、信用の置けない、問題外の、頭《あたま》のおかしい人間たちだ、と排除するためのコトバです。だから✖陰謀論ではない。権力者（たちによる）共同謀議《きょうどうぼうぎ》（は有るのだ）理論と言うべきだ。と私はずっと言ってきました。トランプが勝ってしまったから、もうトランプは陰謀論だー、と言えなくなってしまった。反《はん》トランプ派（ディープステイト）側が追い詰められ

人身売買ネットワークに今から連邦タスクフォースが捜査に入ると語ったマイケル・フリン中将

2023年12月27日、アレックス・ジョーンズの番組に出演したマイケル・フリン（元ＤＩＡ《ディーアイエイ》(米国防情報局)長官）は、ディープステイトに巣くう人身売買ネットワークの摘発がこれから始まる、始めなければならないと力説した。

アレックス・ジョーンズのこの番組に出演したマイケル・フリンは本物ではない。フリンを演技している情報捜査官だ。なぜなら、私はマイケル・フリンと何度も会ったことがあるが、この番組に出ていたフリンは、私のことをまったく覚えていなかったからだ(フルフォード)。

て、本当に困っている。

BF 私もそう思います。陰謀論じゃないんだと、いつも、お前（の主張）は陰謀論だと言われるとものすごく腹を立てていました。

副島 この観点で言うと、我々とはちょっと立場は違いますが、アレックス・ジョーンズ、彼のネット番組に、マイケル・フリン中将が出ていて、「ディープステイトの権力者たちがどっぷり浸かっていた人身売買ネットワークに、今から連邦タスク・フォースFederal Task Force（連邦軍の犯罪捜査部隊）が捜査に入る」と言っていました。こいつらを捕まえると。

だから、私たちコンスピラシー・セオリストにとって一番重要なことは何か。それは、例の悪魔崇拝（サタニック・リチュアル）をやっていたエプスタイン島に行っていた人間たち300人のリストが現に存在する。その中にはジョン・ロバーツ米最高裁長官も入っている。ジョージア州の勇敢なリン・ウッドという弁護士がいて、彼はディープステイトを糾弾する闘いを続けて気狂い扱いされてきた。精神病院に入れられそうだった。この人が偉かった。エプスタイン島に行っていたジョン・ロバーツの写真や証拠をこの

ジョン・ロバーツ最高裁長官も人身売買ネットワークにどっぷり浸かってエプスタイン島に行っていたことがリン・ウッド弁護士によって2020年に曝露されている。中央にいるのはビル・クリントン

☚この男には国外逃亡するか、ピストル自殺するか、どちらかしか選択肢は残っていない。

怒りを露わにする
リン・ウッド弁護士

リン・ウッドが4年前に発表しました。

これら幼児誘拐と売買と殺害のヒューマン・トラフィカー Human Traffickers たちが本当にどこまで逮捕されるのか。単なる業者たちだけでなく、何万人の富豪や官僚や政治家（権力者）たちが逮捕され裁判にかけられ処罰されるか、です。これらの異常犯罪の、アメリカとヨーロッパ社会の骨がらみの本当の最悪の病気たちを本当に摘発するのか。そして、これらの凶悪犯罪が表に出るのか、出ないのか、なんですよ、私が本気で注視しているのは。

マット・ゲーツは、この子供たちの誘拐、殺害の人身売買問題に取り組むためにトランプに指名された。だから単に司法省の高官たちの首を職務怠慢で切るだけでは済まない。超エリートたちの凶悪犯罪者たちを逮捕するかどうかだ。もちろん、犯罪の証言、証拠があることが大前提です。

この犯罪者たちは表に出ている人間たちだ。私たちが関心があるのは、犯罪捜査権を持つ者たち、ラー・エンフォースメント・オフィサー law enforcement officer たちが、ヒラリー・クリントンやビル・ゲイツたち、ディープステイトの表面に出ているＣＥＯ

（執行部）と言うべき大《だい》悪人の大《おお》親分たちを捕まえるかどうか。腐敗しきっているFBIやCIAの高官たちを捕まえるでは済まない。ここが問題なんですよ。もっとはっきり言うと、幼児性《せい》犯罪（ペドフィリア）の長年の巣窟《そうくつ》であり、人類の諸悪の根源である、ローマ・カトリック教会の総本山（ヴァチカン）のトップのローマ法王《ポープ》や、ヨーロッパの（旧）大貴族たちまで含めて捕まえて、裁判にかけるか、です。私はここまで言います。

アメリカ各省の高官たちは、トランプ当選後、大騒ぎです。蜂の巣をつついたようになっているはずです。なぜなら、「オレたちは大量に（8割、9割?）クビを切られるゾ」で真っ青のはずです。その奥さんたちまで大騒ぎしている。「ワシントンで暮らせないのだったら、もうあなたとは離婚よ」とか。すでに官僚（上級公務員）たちが大勢、長期休暇（ロング・ヴァケーション）に出ちゃったという情報があります。3か月お休みを取ると言いながら、もう二度と戻って来ない旅行に出ちゃったんですよ。

BF　山にこもって銃撃戦に備えている人もいると聞いています。

副島　ワハハハ。それはスゴいですね。誰と戦う気でしょうか。獰猛《どうもう》な貧乏白人《プア・ホワイト》の hill-billy ヒルビリーたちとでしょうか。

国防長官になったのは、ピート・ヘグセスという、軍人を26年もやった男だ。そのあとFOXチャンネルで8年司会者業をやっている。こいつが本当に、反《はん》トランプ派（ディープステイト側）で、この4年間にトランプ派の将軍たちをイジめた者たちを、アラスカ勤務送り、とかで済まさないで、本当にクビを切れるか、です。

国務長官に指名されたマルコ・ルビオなんて悪《ワル》です。こいつはネオコンですからね。中国とイランに対する強硬路線ばかり言うでしょう。トランプがマルコ・ルビオが選挙地盤のフロリダ州を押さえつけるために指名した。州知事のデサンティスも自分に反抗しないように押さえ込まないといけないので。だから「マルコでいいよ」と言った。

あとは、トルシー・ギャバードというハワイ州から出ている民主党議員だった元気な女性が、DNI《ディーエヌアイ》国家情報長官 Director of National Intelligence に指名された。彼女は、「民主党はディープステイトの党だ」と言って怒って離党した。このトルシー・ギャバードも兵役（志願兵）が長くて、ものすごく強い。

BF　彼女はまともなことを言ってますよね。

副島　彼女は、リベラル派なんだけど。お父さんが、ハワイで、反イスラム、反ヒンドゥーの団体の親分《リーダー》です。母親はインド系だけど、ヒンドゥー至上主義ではない。父親回帰している。21歳で下院議員になって、その後10年間ぐらいナショナルガード（州兵）で軍隊にいて、帰ってきて今度はハワイ市の市会議員になり、その後、また下院議員になった。そういう経歴です。立派な女性だ。ただし、やっぱり外国に対して厳しく当たるネオコンですね。

あとはイーロン・マスクが、閣外ですけど政府効率化省（DOGE ドージ。Department of Government Efficiency《エフィーシエンシー》）という諮問委員会の委員長になった。イーロンはコスト・カッターだから、役人（公務員）たちの首切りの嵐を実行する。その実績は、Twitter《トゥイッター》を買収してX《エックス》にしたとき、1万人の社員のうち8千人を解雇した。テスラでもリストラを徹底的にやった。不要な作業工程を無しにする名人だ。

国連大使になったのが、エリス・ステファニックという女性で、この女性も強い。トランプが「エリスは強く、タフで、賢い米国国内優先《アメリカ・ファースト》の闘士だ」と言った。

あと1人。ジョン・ラトクリフという、前のトランプ政権の最後の国家情報長官 Director of National Intelligence だった男が、CIA長官に指名されました。ラトクリフは、トランプ政権末期に30万件の幼児売買の証拠を議会に提出した。
それからピーター・ナヴァロが出てくるのかどうか。ピーター・ナヴァロは議会からの痛めつけの呼び出しに応じないで、証言拒否で連邦刑務所に入れられた。怒り狂っていますから。ナヴァロが一番、この4年間、トランプ派閣僚の中で激しく闘ったという評価になっている人です。ナヴァロが「就任式（トランプ政権の始まり）から最初の100日 the first 100 days で決着を付けなければ負けだ」と言いました。

BF ただ、やっぱり、シオニスト過激派とかイランを攻撃するべきだという人も閣僚に入っている。そのへんを私は警戒しています。トランプが指名したマルコ・ルビオ国務長官、ピート・ヘグセス国防長官、ジョン・ラトクリフCIA長官、エリス・ステファニック国連大使、クリスティ・ノーム国土安全保障長官、マイケル・ウォルツ大統領補佐官（国家安全保障担当）……は皆、イスラエルによるパレスチナ人の大量虐殺を支持する発言をしています。さらには「イランを攻撃すべき」と主張し、中国に喧嘩を売るような発言も目立ちます。

副島 そうです。彼らはシオニスト（Zionist《ザイオニスト》、イスラエル強硬支持派）です。私は、どう

トランプ勢力最大の過激派ピーター・ナヴァロが米産業通商担当の上級顧問に決まった（12月４日）。「トランプ政権は発足後100日で決着を付けなければ負けだ」と号砲を発した

就任から最初の100日、the first 100 days は軍事天才だったナポレオンの言葉だ。この最初の100日に大きな成果を出したのが1933年のフランクリン・ルーズベルトで、ラジオで「私の最初の100日をよく見てほしい」と語りかけた。

もトランプ自身が生粋《きっすい》のニューヨーカーだから、closet Jew（クローゼット・ジュー、隠れユダヤ人）ではないか、と疑っています。

BF　要するに、現時点で発表されているトランプ政権の重要閣僚には「イランを攻撃し、中国を巻き込んで第3次世界大戦に突入したい……」というハザールマフィアの意向に沿うシオニスト過激派の人物が多く選ばれていると言えます。CIA筋は、この人事について「ロシアを味方に抱え込んで、共に中国とイランを攻撃しよう……という次期トランプ政権の計画が透けて見える」と話していました。

そして、副島さんが気にしているマット・ゲーツですが、おっしゃるとおり彼は「未成年者の性的人身売買」の容疑で司法省の捜査を受けた経歴のある人物です。しかも彼のこれまでの発言を調べても、小児性愛者を取り締まる気などまったく見受けられない。実際に私が「Gates promises to arrest pedophiles（ゲーツ、小児性愛者の逮捕を約束）」で検索したところ、写真の通り、該当する情報は1つも出てきませんでした。そうなると、自身が児童性的虐待の容疑で捜査を受けていたというのも、真偽はわかりませんが、まったくの濡れ衣とは言えない（その後、ゲーツは11月21日に指名を辞退。代わってパム・ボンデ

一度は司法長官に指名されたマット・ゲーツは、仮に司法長官になっていたとしても、小児性愛者を取り締まる気などまったくなかったろう。フルフォード氏がGoogleで「Gates promises to arrest pedophiles（ゲーツ、小児性愛者の逮捕を約束）」で検索したところ、以下の通り該当する情報は1つも出てこなかった。

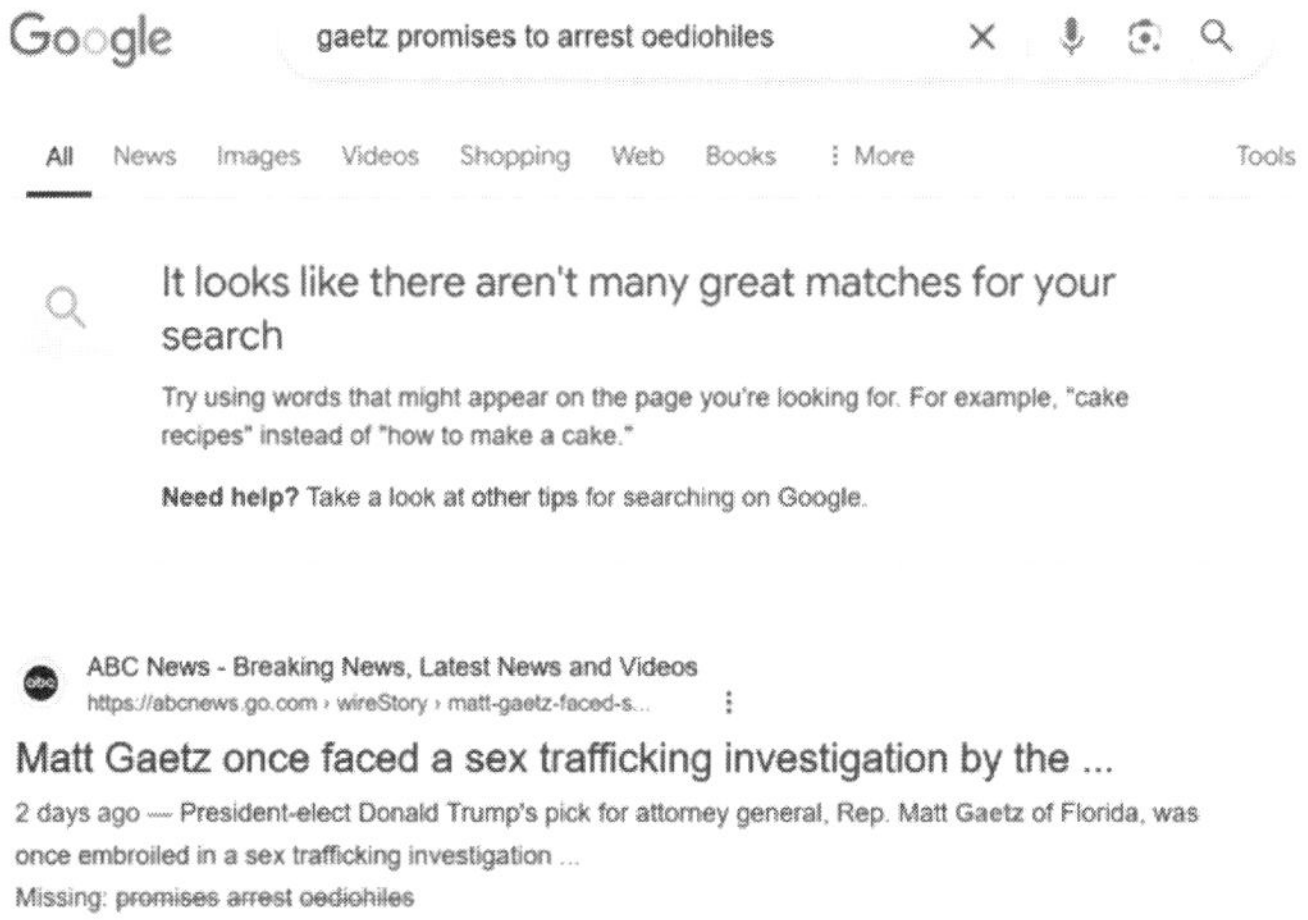

イ前フロリダ州司法長官が指名された)。

そもそも、トランプだって13歳の女の子に暴行を加えたという疑いで裁判沙汰になった。

副島　だから、そういう足のひっぱり合いが起きるに決まっているわけですから。相手の弱みを意地穢《イジきたな》いまでに突くのが政治の世界です。CIA長官に指名されたジョン・ラトクリフもヒューマン・トラフィカーたちを捕まえる係りのはずです。なぜなら、トランプ政権が終わるときに、このラトクリフは国家情報長官で、2021年1月6日の150万人の抗議行動の日に辞めたんだと思いますが、このラトクリフが、再度言いますが、人身売買ネットワークの30万件の証拠のファイルを政府に出した。宣誓供述書Affidavit《アフィデイヴィット》付きの証拠を提出した。人身売買、幼児誘拐、ペドフィリアの連中の宣誓供述書付きの証拠を30万件、出しているんです。私はこのことは自分の本に書きました。そして、そのジョン・ラトクリフが今度CIA長官になります。ディープステイト＝カバールにとっては真底、ゾッとすることだ。ただし前述したとおり、本当にどこまで犯罪摘発できるか。大事なのは、本当に逮捕して、起訴して、裁判をやるのかです。もし、やらないいんだったら、私はトランプに対して疑い始めます。**つまり、本当に、やれと。**

やらなければ、それ以外の何をやったって、世界民衆にとっての勝利者の権力にならない。

トランプたちは、これまでの4年間の分の復讐《ふくしゅう》をする。復讐という言葉は、スポーツ観戦用語でよく使うリヴェンジとかアヴェンジ（ジャー）なんかではなくて、私はヴェンデッタ（vendetta）というイタリア語を使いたい。コルシカ島のイタリア・マフィアが復讐で敵をコンクリート詰めにして海に沈めるんですよ。だから、このヴェンデッタをやれ。リタリエイション（retaliation）をやれと。これからトランプ政権で必ず起こることについては、この言葉を使いたい。

BF　そこが問題なんですよ。マフィア同士で、勝ったほうが負けたほうを殺してもマフィア支配のままという可能性がある。

副島　いや、待ってください、フルフォードさん。トランプ自身がニューヨーク・マフィアじゃないですか。何を言ってるんですか。トランプを嫌うアメリカ国民の口唇《くちびる》を見ていると、「この人はマフィア体質（暴力団の感じ）だから嫌いだ」と顔に書いてある。私は、だからこそずっとトランプを応援して来た。

トランプぐらいのドスの効《き》いた、暴れ者の商売人上《ビジネスマンあ》がりの者でないと、ディープステイト（大富豪たちの連合体）を叩《たた》き壊す民衆の味方、即《すなわ》ち、ポピュリスト（populist 民衆《みんしゅう》主義者）にはなれない。私は、アメリカ政治史のポピュリスト政治家たちのことを研究してきましたから、彼らの悲劇がよく分かります。これを日本では、まだ、今も、大衆迎合主義者《げいごう》と新聞が横並びで、意固地《いこじ》になって頑強に書きます。私はこの新聞記者たちをブン殴ってやろうといつも思っています。アメリカに長年飼い慣らされた（軒並み上田ボーン賞をもらっている）アメリカの手先どもです。

ヒューマン・トラフィカーたち、ペドファイル（pedophile）たちを、最低4万人か、40万人か知らないけど、本当に捕まえるかどうかの問題です。このことは、へらへら、へらへら口だけで、ディープステイトが、とかああだこうだ言ってたってだめなんですよ。それをね、フルフォードさん、トランプも女の子をかどわかした、とか、今、それを言うのはやめてください。トランプだって当然マフィア体質なんだから。男女の性愛にはいろいろなことがある。

BF　私が聞いているのは、アメリカ軍の良心派が２０１５年に、トランプに声をかけた。その時、トランプはすでに共和党の予備選の候補者だったんだけど、最初はヒラリー・クリントンに敗れるための候補者だった。でも、負けるための候補者だったとしても、最終候補に選ばれるためには、何らかの脅迫ネタで脅されていないとそこまで残れないわけ。そこで軍の良心派は、トランプに、その脅迫ネタを我々が全部もみ消すから我々に協力してくれと声をかけた。

副島　それがまさしく「ジャグ」です。Judge Advocate Generals（ジャッジ・アドヴォケット・ジェネラルズ　軍事法廷裁判官の将軍たち）なんです。この法律将軍たちの親分がチャールズ・ピートという男で、私が得た情報では、あの２０２１年1月6日のワシントンの議事堂（キャピトル・ヒル、capitol hill）での抗議行動の日に、ホワイトハウスの裏からヘリコプターが発進して、その日の１５０万人の抗議行動を上から見ていた。そのヘリコプターに、このピート中将とトランプ大統領が乗っていたそうです。

　だから、彼らがトランプにその5年前に、「大統領選挙に出てくれ。今のアメリカの上層の人々の腐敗はあまりにひどい。あなたが一掃してくれ」と頼んだのはもちろん知っています。

だけど、小さな問題に話を移さないで、フルフォードさん、大きくディープステイトの権力者たちを叩き潰すということで話し、一致してください。

元ニューヨーク市長のルドルフ・ジュリアーニが当選の祝賀会にマール・ア・ラーゴに来ていた。ちらっとだけテレビに映っていました。ジュリアーニもディープステイトに徹底的にイジめられて破産させられましたからね。ジュリアーニはトランプと組んで、腐敗した政財界人、官僚たちと闘った。トランプを守り続けたでしょう。そして、人身売買ネットワークやピザゲイト事件なんかもジュリアーニは糾弾していたでしょう。彼なんか、本当は彼自身がニューヨーク・マフィアの大親分じゃないですか。彼はＮＹの検事総長（アトーネイ・ジェネラル）もした。このマフィアの大親分が、さらにもっと腐敗した連中（＝ディープステイト）を叩き潰すというこの闘いに、フルフォードさんが余計なことを言わないでください。小さな問題をほじくらないでください。

BF　いやいや、余計なことではなくて。いま現に閣僚として名前が上がっている人たちはやっぱり過少評価してはならない人たちですから。それを、何かあるとすぐ、トランプがトカゲの尻尾切りで数人いなくなるだけで、あとはすべてなかったことにすると

トランプ大統領の顧問弁護士だった前ニューヨーク市長のルディ・ジュリアーニは、ディープステイトによって徹底的に虐められ、名誉毀損で訴えられ、1.4億ドル（210億円）の賠償を命じられて破産した。

2020年大統領選に絡む訴訟で、「ジョージア州の選挙管理職員２人が票を改ざんした」と真実の主張をした。この訴えは、ディープステイトに握りつぶされ、逆に復讐された。

か、そういう危険性はいつでもある。だから、一応みんな調べないといけません。
マスクはXで、人身売買ネットワークに関わった連中の名前が出ると言っています。
副大統領に決まったＪＢヴァンスも、名前を出すと言っています。ただ、マット・ゲーツは今言ったように怪しいと思う。
児童虐待犯罪者たちの大掃除は絶対必要だと思います。問題は、この話は、何千年前から、この地球上で続いているスケールが大きい話だということで……

副島　いや、今はその話もやめてください。何千年も前の話にまで戻らないでください。

幼児殺し（インファントサイト）と人間の赤ちゃんをお供《そな》えものにする伝統は、遊牧民《ゆうぼくみん》（nomad ノウマド）の伝統の中に、どこの民族でも有ったことですから。とにかく、今、彼らを捕まえて裁判にかけるかどうかなんです。やりますか、やりませんか。やらないんだったら、トランプたちは裏切りものですよ。世界民衆に対する裏切り者だ。

BF　そうです。やらないんだったら、トランプもいなくなります。私が情報筋の人間と話していると、やっぱり欧米の国々の政府が、性的虐待をした証拠を握られて脅迫されている人たちにすっかり乗っ取られてしまった。だから、一時的に軍事政権を発令す

「人身売買と児童虐待のための自然正義の国際裁判所」（ITNJ）の主席評議員だった在りし日のロバート・デイヴィット・スティール氏の陳述姿。人類のために戦った。

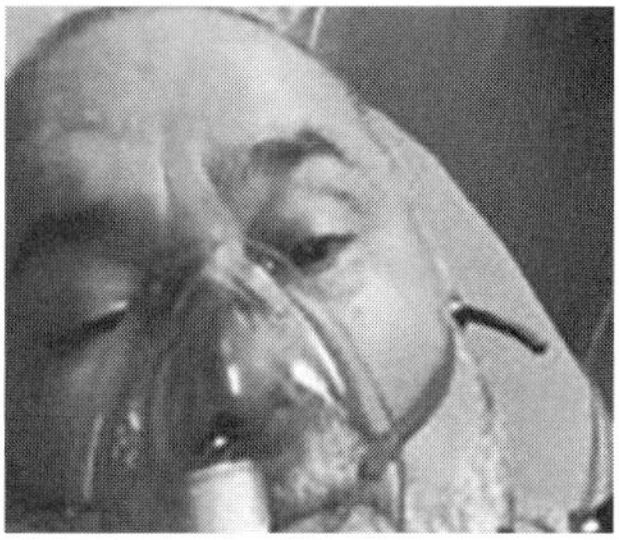

2021年８月29日、ロバート・デイヴィッド・スティールは全米をバスで遊説していた時に、コロナに感染したとして、無理やり病院に担ぎ込まれた。人口呼吸器を無理やり装着されて死亡した。本人は最後まで人工呼吸器は装着したくないと抵抗していた。

るしかないと言っています。だから、今回のトランプの勝利は、選挙での勝利に見せかけた軍事政権の発足です。腐敗しきったこれまでの政権にメスを入れられるのは軍しかないんだと、ずっと私は聞いています。

副島　トランプ政権は、フルフォードさんが言うとおり、その裏側は、正義の軍人たちによる独裁（南米諸国の junta フンタ）かもしれません。しかしそこまでの深読《ふかよ》みを私はしません。

ロバート・デイヴィッド・スティールという人が、アメリカ大統領になってもいいと言っていたのはフルフォードさんですよね。アメリカの軍人や警察官たちがそれを望んでいる、と。だけど、スティールは殺されて死んでしまった。スティールが開いた「児童虐待犯罪者たちを起訴する国際裁判所（ITNJ《アイティエヌジェイ》）」の議論に従うなら、ローマ法王もエリザベス女王も裁かれるべきです。エリザベス女王はもう死にましたが、彼らを全員捕まえろ、と。私もこの線で行ってほしい。このことは、私の『裏切られたトランプ革命』（秀和システム、2021年3月刊）に書きました。このロバート・デイヴィッド・スティール氏とフルフォードさんが、彼が来日したとき楽しそうにネットTVで話していましたね。尊敬に値します。

繰り返しますが、ローマ法王も誰も、彼らを全員捕まえろ、この線で行ってほしい。これ以外に話をずらすと闘いになりません。

BF　実際問題として、私はエリザベス女王と連絡を取り合っていました。彼女が私に言ったのは、子供の頭を切断して、心臓を食べた、その動画を撮られている、それで彼女は脅迫されていると。

副島　あのね、フルフォードさんね、それを言い出すと、話がまとまらない……

BF　だって本当のことなんですよ。私は英国大使館に行って、手書きの手紙を外交官のルートでエリザベス女王に送ったんです。そして、エリザベス女王からも手書きの返事の手紙をもらいました。家にあります。そこからMI6《エムアイシックス》長官経由でずっとやり取りしていた。なぜかというと、彼女はたとえ同じカルトのメンバーでも、人類の9割を殺す大量虐殺計画には反対していた。だから、臨時的に私たちは彼女と同盟を組んだんですよ。それで彼女が、自分は脅迫されていると私に書いてきていたんです。

あと、マイケル・ヴァン・デミーア博士（Dr. Michael van De Meer）という、エリザ

エリザベス2世
(1926－2022)

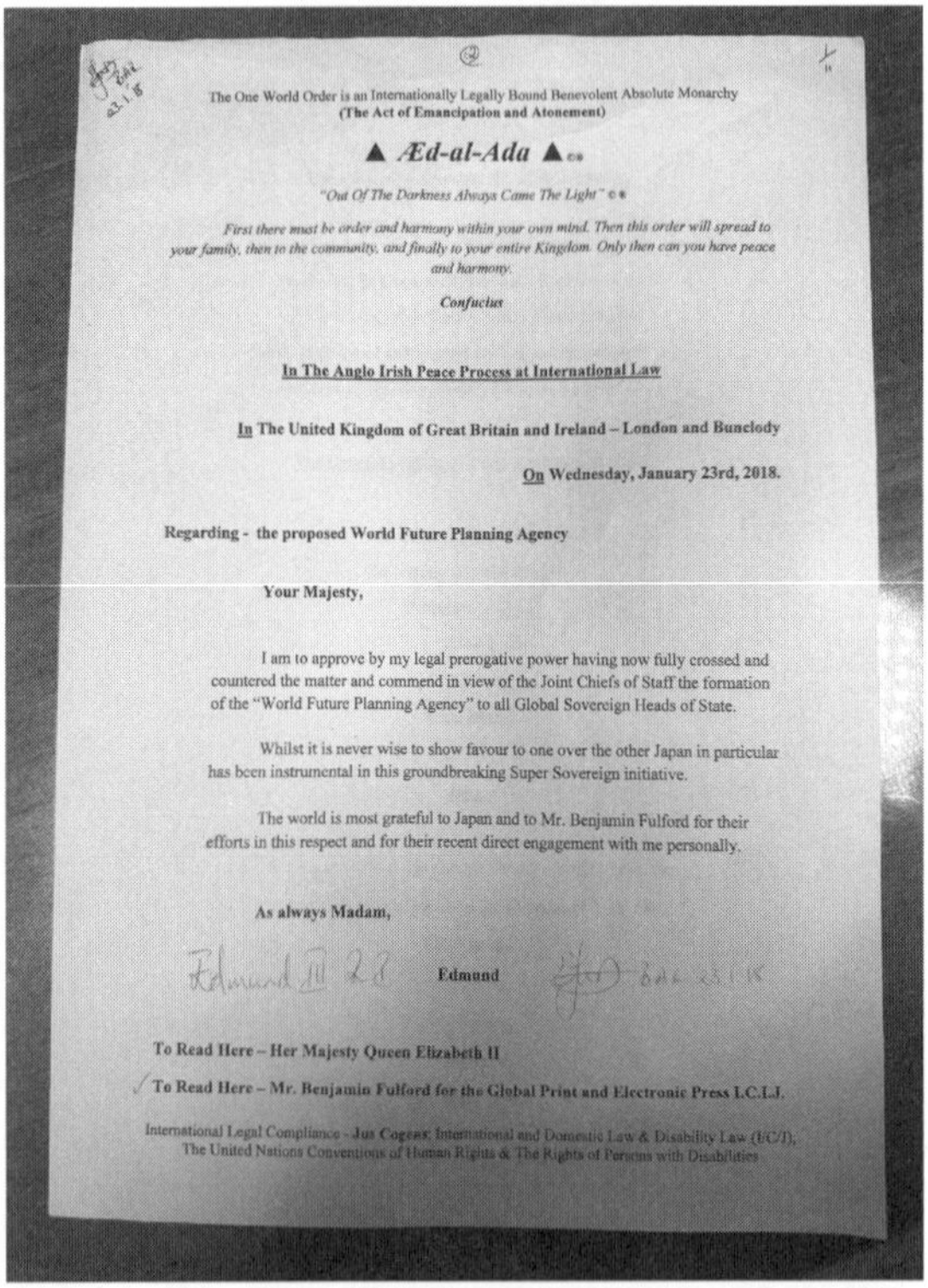

The One World Order is an Internationally Legally Bound Benevolent Absolute Monarchy
(The Act of Emancipation and Atonement)

▲ *Æd-al-Ada* ▲

"Out Of The Darkness Always Came The Light"

First there must be order and harmony within your own mind. Then this order will spread to your family, then to the community, and finally to your entire Kingdom. Only then can you have peace and harmony.

Confucius

In The Anglo Irish Peace Process at International Law

In The United Kingdom of Great Britain and Ireland – London and Bunclody

On Wednesday, January 23rd, 2018.

Regarding - the proposed World Future Planning Agency

Your Majesty,

I am to approve by my legal prerogative power having now fully crossed and countered the matter and commend in view of the Joint Chiefs of Staff the formation of the "World Future Planning Agency" to all Global Sovereign Heads of State.

Whilst it is never wise to show favour to one over the other Japan in particular has been instrumental in this groundbreaking Super Sovereign initiative.

The world is most grateful to Japan and to Mr. Benjamin Fulford for their efforts in this respect and for their recent direct engagement with me personally.

As always Madam,

Edmund

To Read Here – Her Majesty Queen Elizabeth II

To Read Here – Mr. Benjamin Fulford for the Global Print and Electronic Press I.C.I.J.

International Legal Compliance - Jus Cogens; International and Domestic Law & Disability Law (I/C/J),
The United Nations Conventions of Human Rights & The Rights of Persons with Disabilities

フルフォード氏がエリザベス女王とやり取りした書類(現物)

フルフォード氏が故エリザベス女王（1926-2022）からもらったクリスマスカードと手紙（現物）

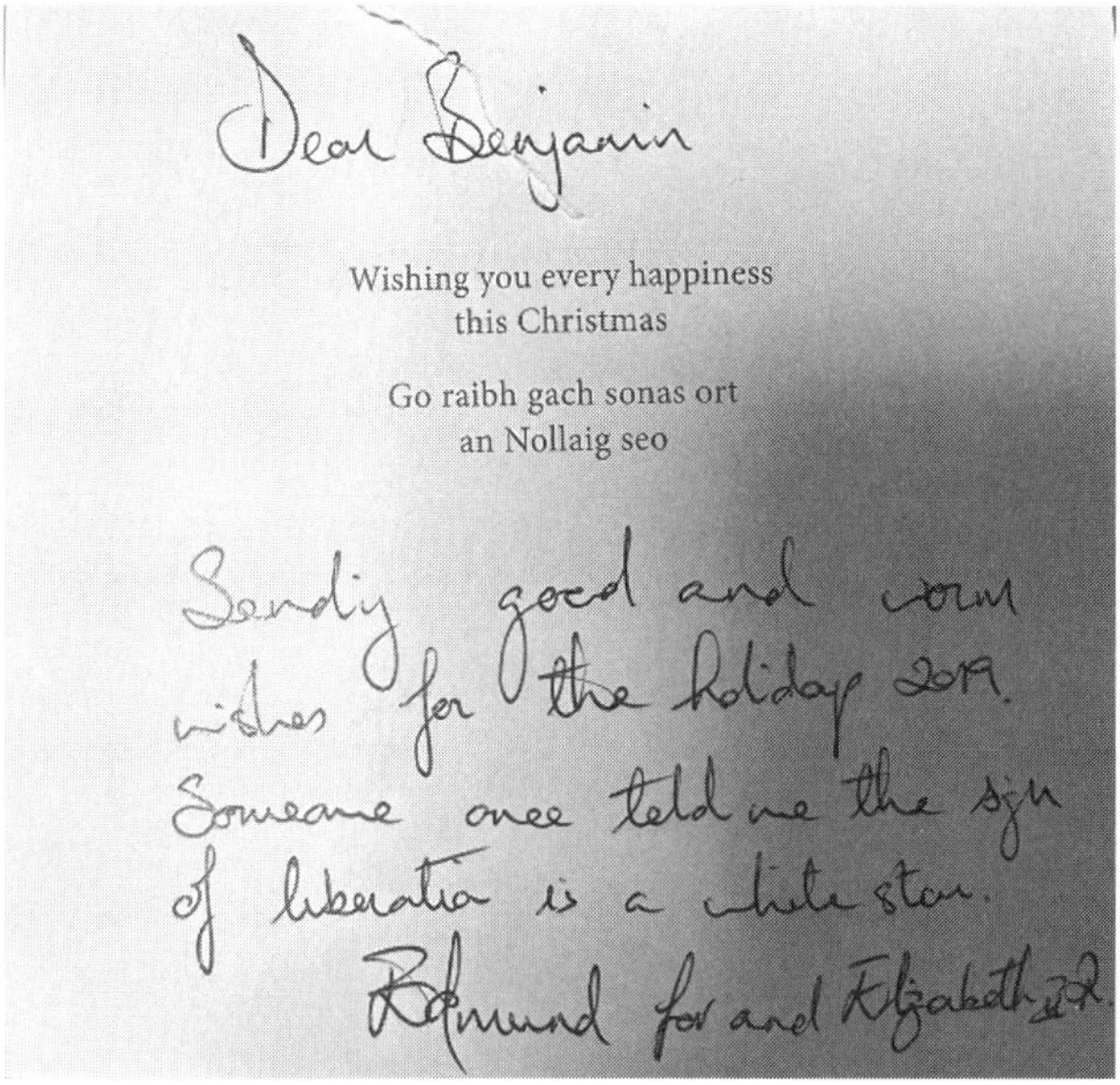
Dear Benjamin

Wishing you every happiness
this Christmas

Go raibh gach sonas ort
an Nollaig seo

Sending good and warm
wishes for the holiday 2019.
Someone once told me the sign
of liberation is a white star.
Edmund for and Elizabeth IIR.

ベス女王のいとこで、もともと英国情報当局の最高司令官だった人が私に言ったんです。毎年、バルモラル城で人間を生け贄にする儀式をやっていると。欧米社会の一番上にいる王族・貴族たちはみんなそういうカルトに入っているんです。カナンの時代からやっているんです。これが大昔からのカルトで、このカルトに世界全体で100万人以上が入っている。

で、このカルトの王族・貴族、エリートたちの中に生まれてしまったので、自分もその儀式に参加しないと自分が殺されてしまう。そういう環境にいた人たちがいるのです。

副島　だから、エリザベス女王を擁護するんですか、フルフォードさんは。

BF　違う。すべて粛清するべきなのか、それとも、そのカルト自身がすべての人の前で懺悔《さんげ》して、その上でこれらの犯罪に従うしかなかった人たちをどうするか、みんなで話し合うべきなのか。

副島　じゃあ、フルフォードさんは、脅迫されて従うしかなかった人たちはかわいそうだからと、エリザベス女王を擁護するんですか。

BF　彼女は、何十億人の命を救った別の面もあるのです。

副島　もういいです。私はそれは受けつけません。

◆ビル・ゲイツが北軽井沢に逃げて来ている

BF　さっき名前の出たロバート・デイヴィッド・スティールとは、私はずっと連絡を取り合っていたし、何度も会っています。対談もしました。彼がなぜ殺されたかというと（2021年8月29日）、あの人はNSA《エヌエスエイ》（国家安全保障局。米海軍系。CIAと対立している）の人だったから、南極にあるコンピュータを見つけたんです。そのコンピュータの中に、子供の人身売買ネットワークの情報が隠されてました。彼はそれを公開して国際法廷を開いた。そのために殺されたんです。

副島　そう、殺されました。スティール氏は、CIAの作戦部長だった人で、CIAの悪《あく》の姿もよく知っている。

BF　だけど、彼の敵《かたき》を討つ人はまだいます。彼を殺した人たちは、最初、私にも嘘をついていました。なんでも、彼はたくさんのお金をもらって引退した、と最初私は聞いたんです。確かに、CIAのやり方として、誰かが死んだことにして、新しい名前、新しいID《アイディー》（身元証明証）を与えて再出発させることはよくあることなのです。そういう場合、私はこれまでなら、必ずその人がまだ生きているという証拠を必ず見せてもらっていました。ところが、ロバート・デイヴィッド・スティールのときにはそれがなかった。

副島　フルフォードさん、私もアクティヴィスト（活動家）ですから。ポリティカル・アクティヴィスト（政治活動家）のニュー・レフト（新《しん》左翼）をやっていた人間ですから、政治闘争というものがどんなものか分かっている。厳しい殺し合いというものが、どんなものか。政府の政治警察（公安《こうあん》警察）のスパイが組織の中にたくさん潜《もぐ》り込んでいる。そして嗾《けしか》けて新左翼の組織どうしに殺し合い（いわゆる内ゲバ）をやらせました。そしてただの狂った暴力集団ということにされて、日本社会から捨てられていきました。ですから、政治運動の内部には、とても常識では考えられないような奇妙な人間関係がたくさんあります。普通の人間たち（堅気《カタギ》の衆）は近寄ってはいけない世界です。私は、あの地獄の苦しみの中から、自分の政治思想研究の血肉《ちにく》を作ってきました。

そうすると、たとえば、アメリカで、一番頭のいい、勘《かん》の鋭い政治人間たちの集まりである Young American for Freedom（YAF《ヤフ》）の連中を私は知っています。あとリバータリアン系もいます。彼らは年季《ねんき》の入った活動家で思想家《スインカー》たちです。彼らが今度のトランプ政権に裏方の側近《そっきん》として入っているんですよ。だから、私も過激思想を抱《かか》えたまま、なんとか、この日本で。この貧しい思想の土壌《どじょう》で、ペンだけで、なんとか物書き言論人として生き延びることを目指しました。闘いの中で死んでしまった人たちはしかたがないと思っている。

BF　ペンは剣より強いと言います。

副島　何を言うか。ペン（言論）が強いわけがないんだって。私たちはコマーシャリズムの、商業出版物の枠組みの中でかろうじて生きているんです。

BF　いやいや。毛沢東は、権力は銃口から来ると言いました。だけど、私から言わせると、権力は、銃を持っている人の脳から来るんです。

副島　そうですよ。

BF　その人の脳を管理するのは副島さんみたいな人で、副島さんみたいな人がその人たちの脳をどこへ向けるかという役割を果たすんですよ。

副島　ありがとう。そうです。思想《ソート》が人々の考えと行動を、最先頭で決めるんです。この思想がフィロソフィーというか。エイドス（幻影）というか。プラトンのイデアです。それが決めるんです。

BF　そうだね。その成果がやっと出てきて、いまアメリカ軍がやっと悪いほうに銃を向けるようになった。

副島　だから、ヒラリーたちを本当に捕まえて裁判にかけるかどうか。起訴《きそ》（indictment《エンダイトメント》）するかどうかが、私にとっては一番大事です。

BF　実際問題として、ニュルンベルク裁判みたいに、公衆の面前で、みんながお茶の間で見られるような形にしないといけない。たとえば、ビル・ゲイツをどこかで暗殺するんじゃなくて、ビル・ゲイツを裁判所に出廷させて、毎日、証拠を全世界に知らしめてから、死刑を受けさせる形でやってほしい。

副島　ほしいとフルフォードさんは今、言いました。私も腹の底からそのように思う。しかし……私はやらないと思う。できないと思う。世界体制、ワールド・オーダーというものには、そこまで justice ジャスティス正義を実現する力はない。ここで私のほうが悲観的になります。

BF　いや、今、それが変わってきた。上のほうが変わってきたよ。

副島　私もそう願う。けれども、い、い、い、い、いくらトランプでもできないでしょう。

BF　いや、私はできると思っている。なぜかと言うと、権力の一番上に、穢《きたな》くない人たちが入っているわけ。要は、私は前から言っているけど、軍というのは能力主義で、一応政府に従うことを教育されている。けれども、政府が脅迫マフィアに乗っ取られたとなると、軍はやっと本来の枠組みで動くわけ。

副島　だからJAG《ジャッグ》の軍事法廷裁判官である将軍たちが動いたんですよ。

BF　そうそう。それが今起きているから、私はできると思っている。

副島　これは噂の段階ですが、ビル・ゲイツが、西《にし》軽井沢（群馬県）に逃げてきているらしい。

BF　あり得るね。

副島　ビル・ゲイツは10年ぐらい前に、西軽井沢に山1つ買って、地下10階まであるという大邸宅を建てた。

BF　私はそこに行ったことあるんです。写真も撮ってきました。

副島　へー、そうですか。それはスゴいですね。シアトルから飛んでくれば、8時間で来られますからね。今、大富豪たちに人気のホンダ（本田）ジェットで来たでしょう。

BF　今、ビル・ゲイツはそこに立て籠っている。噂がじわじわ広がっています。

副島　じゃあ、逮捕しに行こう。

BF　ワハハハ。いいですねえ。軽井沢といっても、いわゆる旧《きゅう》軽井沢ではない。浅間山に近いほうだ。

副島　大丈夫。私は1回行ったことあるから。脇から入れるところがあって、何の警備もされてなかったから、実はそのまま中に入れたの。でも、それ以上勝手に入ると犯罪だから入らなかったけど。外側からはYouTubeで撮ってきた。

BF　凄いですね。ヒラリーまでも日本に来るようです。ディープステイトの表《おもて》に出ている2大巨頭のお出ましだ。だから、いざという時の逃げ場所、避難、逃亡先は、日本なんですよ。私が作った言葉だけれど、まさしくJapan Exile Islandジャパン・エグザ

トランプが圧勝し、ビル・ゲイツは北軽井沢に新築した別荘に逃げて来ている

https://x.com/TokyoPortfolio/status/1393765202055757827

ビル・ゲイツは10年ほど前に西軽井沢に山１つ丸ごと買って、地下10階まであるという豪邸を建てた。
ディープステイト側のエリート犯罪者たちの国外逃亡がますます加速している。
西武の千ヶ滝地区だ。

イル・アイランド、日本逃亡《とうぼう》島ですよ。さらに重要人物たちが続々と日本に逃げて来ているかも。この exile《エグザイル》 は逃亡、逃避行だけど、犯罪者の国外追放でもある。これがもっと明確になると政治亡命《ぼうめい》、asylum アサイラムです。日本政府に保護を求めて、ヒラリーたちは亡命《アサイラム》の申請をするかもしれない。

BF　ずっと前から、アメリカから100万人が逃避先を探していると言われていました。ニュージーランドの南の島とか、北海道とか、中国の奥地とか、いろいろな場所が取り沙汰されていました。

副島　どうも一番安全なのは日本ですね。今の日本だったら、彼らを襲撃しようという日本人はいない。あ、フルフォードさんと私がいるか（笑）。

BF　本当にビル・ゲイツが西軽井沢にいるんだったら、私が米軍警察を動かしますよ。いや、本当に。米軍警察に電話して、話しますから。そこにいるから逮捕しに行ってください、と。なぜなら、ビル・ゲイツがWHO（世界保健機関）に資金の88％を出しています。即《すなわ》ち、WHOはビル・ゲイツのものなんです。そして、彼らが、コロナウイルスとコロナウイルスワクチンで世界中の人々をいっぱい病気にした。さらにそれを理由に、

WHOのパンデミック条約を世界中の政府に押しつけて、ビル・ゲイツこそが世界の独裁者になろうとしていた張本人じゃないですか。

副島　それは分かります。私も了解します。

日本の反《はん》ワクチン運動を一所懸命やっている、真面目な市民活動家たちがいっぱいいるんです。100万人ぐらいいるんですよ。彼らは本当に怒っている。自分たちの体（健康）の安全が脅《おびや》かされたからです。この人たちの考えを私は了解、同意している。ただ、私には医学やウイルス学、免疫学などの専門知識がない。だから、私は彼らの集会とかには行かないんです。

BF　日本の厚生労働省の正式な統計で、1回目接種後と2回目接種後の合計超過死亡者数が50万人でした。だから、ワクチン接種と死亡者増加の因果関係はほぼはっきりしている。正式な役所としての厚生労働省のデータですから。つまり、50万人が殺された。そうすると、これは人体実験を禁じたニュルンベルク綱領《プログラム》違反の大犯罪です。だから、ビル・ゲイツは戦犯《せんぱん》（戦争犯罪人）です。だから絞首刑しかありません。世界で2000万人が死んだと言われています。

副島　日本の石破政権の政治警察が、ビル・ゲイツの周りをちゃんと取り囲んでいます。
BF　本当ですか？
副島　それぐらいはやります、日本の警察は。ただし手は出さない。
BF　じゃあ、今日帰ったら、アメリカ軍の人に連絡して、ビル・ゲイツが軽井沢にいると伝えますよ。
副島　いや、もう知っていますよ。横田（立川）基地を使って入国したわけではない。羽田に着いたはずです。彼らは民間人だから、パスポートがないと動けない。
私は薬学とかワクチン学とかの医学知識がないから、あんまり言いたくないんです。ただ、私にとって、ビル・ゲイツの犯罪を理解する上で一番大事なのは。2021年4月かな、奥さんのメリンダが、「あなたはエプスタイン島に行ったでしょ（そして恐ろしい儀式や幼児虐待に参加したでしょ）」と怒ってビル・ゲイツの頬をひっぱたいたという事実です。長女も父親に向かって怒鳴り散らしたという。それでメリンダに離婚裁判で500億ドル（7兆円）払ったんです。500億ドルですよ。
私にとっては、何が一番重大かと言うと、ワクチン問題そのものよりも、奥さんにひっぱたかれたビル・ゲイツが最大級に面白い、嬉しい、楽しい。あいつが死刑になることよりも、奥さんにひっぱたかれたことが最高の刑罰です。生身《なまみ》の人間は、大富豪であっても、身近《みじか》の生身の人間関係での苦しみが一番堪《こた》えますからね。

メリンダが「私は1回だけジェフリー・エプスタインに会ったことがある」と言ってたんです。「見るからに悪魔のような男でした。私はゾッとしました」と『ELLE《エル》』というフランスの雑誌のインタビュー記事で証言しているんですね。これで証拠として十分だ。

このあと、ビル・ゲイツを捕まえて、死刑にできるかどうか。私はもう無理だと思う。実際にトランプたちが出来るのは、今の公職にあるパブリック・サーヴァント（public servant 公務員）であるワシントンのハイランキング・オフィサー（高官）たちを、まず首を斬り、首を斬ったあと、逮捕するかしないか。そして裁判にかけるか、この一点ですね。

BF ロバート・ケネディJrが厚生長官《こうせいちょうかん》（保険福祉長官）になりましたから、彼はずっと裁判で製薬会社（ビッグ・ファーマ Big Pharma）に対して勝っていた。あの人はそれが専門の弁護士だから、彼に完全に任せていいと思います。

副島　米の厚生長官というのは、ＨＨＳ《エイチエイチエス》の長官ですね。ＨＨＳは the Department of Public《ププリック》 Health《ヘルス》 and《アンド》 Human《ヒューマン》 Services《サーヴィシズ》 の略記号《アブリヴィエイション》です。日本の厚生労働省に相当する。トランプがロバート・ケネディJrに、「ボビー、お前の好きなようにやれ」と言ったわけですからね。私はボビー・ケネディはやると思う。本当にやると思う。

BF　実際に法を執行する軍の通常のやり方は、まず末端のほうから捕まえる。そこから芋づる式に上のほうまで攻めていく。

　あのアンソニー・ファウチ（ＣＤＣ《シーディーシー》疾病《しっぺい》予防管理センターの元所長）は、トイレットペーパーを自分の口の中に詰めて自殺したという情報が入っています。表《おもて》の発表では、ファウチは最初は新型ウイルス感染で隔離。次は西ナイルウイルス感染で隔離。その後、人前に出て来なくなった。最近入った情報によると、自分の口の中にトイレットペーパーを詰めて自殺したという話です。

副島　そうですか、ファウチはもう死んでいるでしょうね。コロナが騒がれたあと、ＣＤＣを辞任してずっと姿を暗《くら》ましていましたから。

「おい、ボビー、俺もお前の親父さんと同じように殺されかかったよ（7月13日）。だから、これから一緒に仕事をしよう」

トランプの今回の大勝利のＭＶＰは、イーロン・マスクだ。が、民主党の票を大きく割ってトランプに回したロバート・ケネディJr抜きでは、この勝利は確定しなかった。ボビーの加勢は大きかった。

ただ、ファウチ以外の他のWHOとCDCの高官で、実際にコロナウイルスを製造しばら撒き、そのあとワクチンを製造した犯罪者の医官《いかん》や細菌学者たちを捕まえるかどうかが重要だ。ボビー・ケネディは、14歳のときにお父さんをディープステイトに殺された。父の遺体を見てますからね。本当に怒っていますからね。だから、紛《まぎ》れもなくvendetta ヴェンデッタ、復讐なんですよ。

BF もちろん、そうです。

副島 ケネディ家はアイリッシュ・マフィアの家系ですからね。ジョゼフ・ケネディ(祖父)以来の。だから、vendetta、本当の復讐劇が始まる。コンクリート詰めで殺して海に流すでしょう。

BF だから、みんな結構びびっていますね、今。

◆トランプ暗殺未遂事件

副島 7月13日に、トランプの暗殺未遂がありました。スナイパーは標的《ターゲット》のブルズアイ

（牛の目）を狙う。実際に発砲したのはクルックスなんていうガキんちょではありません。本物の真犯人は、凄腕《すごうで》のプロの狙撃者で、近くの給水塔の上から狙った。私はこのことはすでに自分の本に書きました（『トランプ勢力の徹底抗戦でアメリカの国家分裂は進む』25ページ、祥伝社、2024年10月31日刊）。撃ったのはシークレットサービスです。クルックスなんてその場で身替わりに殺されただけで、どうだっていいわけで。クルックスを射殺したのもシークレットサービスです。こいつの顔が消防署のボディカメラに写っていた。この給水塔のタワーの上から撃って、ブルズアイでトランプの目を狙った。トランプが顔の向きを変えたから、1センチずれたわけで、これが真実だ。あそこにいたシークレットサービスは全員、この暗殺計画を知っていた。APのカメラマンのエヴァン・ヴッチは、トランプの死体を撮影するための男でステージの真下にいました。

BF　私はそうは考えていないんです。私に入ってきている情報筋の話を総合すると、私はそれは半分だけ正しいと思っている。つまり、バイデン側にそういう計画があったのは確かです。しかしトランプ側が、それをうまい具合に利用して、暗殺未遂に見せかけて、トランプの支持を高めたという理解なんですよ。

なぜなら、「今、銃を持った男が屋根の上に上がっていったけど、どうしようか」というカウンタースナイパーが何人かいたのに、上司から「撃つな、撃つな」と言われていたと証言しているんですから。

副島　だから、本当のスナイパーはクルックスじゃなくて、2倍の260メートル離れた給水塔の上にいたんですよ。だから、「（クルックスを）撃つな、撃つな」と上司が言ったというのは理屈が合うじゃないですか。シークレットサービスはみんな暗殺があると分かっていたわけですから。だいたい、わずか1センチずれなかったら、トランプは死んでいたんですよ。そんなもの、どうやって演出するんですか。

BF　今はあるんですよ。映画の撮影なんかに使う、ちょっと押すと血が噴き出してくる仕組みの特殊グッズとか。

副島　いやいや、そんなことをやってる暇なんかないんですって。私はそんなのは信じません。APのカメラマンがトランプの死体を撮るために待ちかまえていたんですよ。AP自身がムーニーでしょう。そう思いませんか。

BF　そうですよ。今のAP（Associated《アソシエイテッド》 Press という通信社）はひどいよ。昔から私は

2024年７月13日、ペンシルベニア州バトラー市近郊で開かれた選挙集会（rally《ラリー》）で、銃撃を受け右耳から血を流しながら叫ぶドナルド・トランプ。本当はトランプの即死体を撮影する係だったはずのＡＰのカメラマンはとんだ英雄写真を撮ってしまった（副島）

嫌い。完全に悪い人たちによるプロパガンダばかりしている。

副島　トランプの死体を撮る予定だったのに、こんな英雄写真を撮っちゃって。もう笑い話です。

だから、殺されかかった次の次の日、共和党大会が始まった日にトランプが、「おお、ボビー、俺も、お前の親父さんと同じように殺されかかったよ。(クソ、あいつらめ)だから、これから一緒に仕事をしようぜ」

“I was almost killed just as your dad was. So, let's work together !”

とトランプが電話で言った。盗聴されてようが何だろうが、大物たちはこういうことを実に分かり易《やす》くしゃべる。そうしたらボビーは、「オーケー、(分かった)ちょっと考える」と答えたと思う。そして1か月後にトランプに合流した。自分の立候補を取りやめて、「自分への期待票は全州の分をトランプに回してくれ」と。アメリカではこういうことをやりますね。

BF　トランプはロバート・ケネディJr抜きでは難しかった。なぜかと言うと、トランプ本人が一時期、ワクチンマフィアに騙されていたから。

副島　自分も一応コロナのワクチンを打ちましたよね。
BF　そう。だから、反ワクチンの人たちを抱え込むためには、ロバート・ケネディJrを入れるしかなかった。
副島　それはそうだと思います。

◆児童虐待・性的人身売買のカルトを本当に逮捕できるか

で、私にとって大事なのは、何度も言いますが、大悪《だい》人たちを本当に捕まえて裁判にかけるかどうか。あるいは、外国に脱出して逃げた奴らがヘンな自殺の形で発見されるという報道になるのか。
私にとっては数字の4が大事で、４００人捕まえるか、４０００人捕まえるか、４万人捕まえるか、40万人捕まえるか。
BF　最後に聞いた情報では、70万人分の起訴状が出ていると聞きました。
副島　ジョン・ラトクリフ（今度ＣＩＡ長官になる）は30万件でしたけどね。そうすると、本当にそれをやるかやらないかがすべてであって。

BF　これは私から言わせると、大昔から存在する、人間を家畜にする部族なんですよ。

副島　それは私にとっては、ノウマド（遊牧民）の伝統で、アジアにもある。長い5000年の人類史の中でどこにでもある。それはユダヤ人にもある。

BF　そのユダヤ人は、割礼《サーカムシジョン》をするということになっていますよね。本当の歴史を見ると、負けた部族が奴隷になることの証しとして割礼する（陰茎の表皮を切り取る）んです。だから、大昔からユダヤ人は奴隷民族だった。その上にいるのがバビロニアン・カルト。

このバビロニアン・カルトが、人間を家畜にする部族で、それが問題なんですよ。それはユダヤ人ではないんです。ユダヤ人は長年、そういう人たちの奴隷だったということ。問題はそこなんです。

副島　古代バビロニア帝国の北のほうにメソポタミアがありますね。日本人はこの2つを区別することができない。

BF　このバビロニアン・カルトの部族のことは、古代のギリシャ人やローマ人の文献にも出てくるし、旧約聖書にもカナン族が生け贄の儀式をやっていると書いてあります。

さらに、いろいろな発掘現場で壺に入っている赤ちゃんの骨が大量に出てきた。そして、恐ろしいのは、この習慣が今も続いていることです。マジェスティック・トゥエルヴMajestic 12という、アイゼンハワー大統領が昔、宇宙人との接触や交渉を担当する極秘の部署として作った機関があって、実はトランプもそのメンバーだという話もあるのですが、そのマジェスティック・トゥエルヴから私が最近送ってもらった総計６４５ページの英文資料には、年間80万人の子供が生け贄にされている。その犯罪者たちはその生け贄の儀式によって力を得ている、そして、それを遂行する脅迫ネットワークが存在する、と書かれていました。

副島　80万人の子供が儀式殺人《ぎしきさつじん》（ritual《リチュアル》 murder《マーダー》 人間の生け贄）された、というのは、ちょっと多過ぎると思います。殺人事件として大量過ぎです。しかし、この50年間で２万人ぐらいの子供が誘拐後にディープステイトの犠牲にされたと思います。それが80万人という数字まではさすがに私には信じられません。それから宇宙人の話はやめてください。

BF　事実確認が取れているものとして、アメリカ政府の正式の発表で、バイデン政権が発足してから、32万３０００人の移民の子供が行方不明になっている。

Majestic 12
@TS_SCI_MAJIC12

下はFBIの2015年の資料から、毎年米国で約４万人の子供が行方不明になっていることを伝えるページ

Documents

2015 NCIC Missing Person and Unidentified Person Statistics

A compilation of missing person statistics from the National Crime Information Center's (NCIC's) Missing Person File for the 2015 operational year.

Download file 2015 NCIC Missing Person and Unidentified Person Statistics.pdf — 189 KB

DOCUMENT PAGES

NCIC MISSING PERSON FILE

The National Crime Information Center's (NCIC's) Missing Person File was implemented in 1975. Records in the Missing Person File are retained indefinitely, until the individual is located, or the record is canceled by the entering agency. The Missing Person File contains records for individuals reported missing who:

- have a proven physical or mental disability (Disability – EMD),
- are missing under circumstances indicating that they may be in physical danger (Endangered – EME),
- are missing after a catastrophe (Catastrophe Victim – EMV),
- are missing under circumstances indicating their disappearance may not have been voluntary (Involuntary – EMI),
- are under the age of 21 and do not meet the above criteria (Juvenile – EMJ), or
- are 21 and older and do not meet any of the above criteria but for whom there is a reasonable concern for their safety (Other – EMO).

As of December 31, 2015, NCIC contained 84,961 active missing person records. Juveniles under the age of 18 account for 33,052 (38.9%) of the records and 42,032 (49.5%) records when juveniles are defined as under 21 years of age.*

During 2015, 634,908 missing person records were entered into NCIC, an increase of .1% from the 634,155 records entered in 2014. Missing Person records purged during the same period totaled 634,742. Reasons for these removals include: a law enforcement agency located the subject, the individual returned home, or the record had to be removed by the entering agency due to a determination that the record is invalid.

The Missing Person Circumstances (MPC) field is optional and has been available since July 1999 when the NCIC 2000 upgrade became operational. Of the 634,908 records entered in 2015, the MPC field was utilized in 313,403 (49.4%). When the MPC field was utilized in 2015 entries, 300,044 (95.7%) were coded as Runaway, 2,260 (.7%) as Abducted by Non-custodial Parent, 325 (.1%) as Abducted by Stranger, and 10,774 (3.4%) as Adult – Federally required entry. In 2014, the MPC field was utilized in 314,523 (49.5%) of the 635,155 records.

** This fulfills requirements as set forth in Public Law 101-647, 104 statute 4967, Crime Control Act of 1990 stating the Attorney General is to publish a statistical summary of reports of missing children. This act was modified April 7, 2003, by "Suzanne's Law" that changed the age of mandatory missing person record entry from under 18 to under 21 years of age. [ref. 42 USC 5779(c)]*

フルフォード氏が手に入れたMajestic 12（アイゼンハウワー大統領が創設した機関）の資料にあった人身売買組織に言及するページ

MJ12 01.19.2019 Majestic Message of Disclosure from a Majestic Messenger about Full Disclosure

How many times in the last 30 days has 45 said "Majestic" or "Majesty"? When said, what was happening?

What percent of public appearances disclose Classified information? Behind The Scenes

You asked for "proofs". Message over messenger. Majestic 12 is everywhere right now. OPENED

Working hand in hand to return control back to the American People. The scientific research that was classified and never brought to market was intentionally done. Trade laws must be tightened and China must stop intellectual property theft trade violations.

https://t.co/gUSKPBNyN5

In time this will happen. Human Trafficking is a major world wide humanitarian crisis, and basing trade deals on equal Human Rights FOR ALL, including Children. We will enforce our trade laws with sanctions that cripple nations. Death by a thousand cuts.

The new technology that will be coming out will be protected at first while the rest of the world cleans itself up. Military will return home and defend the homeland from economic theft that make our sanctions effective in order to give other nations a choice. The choice shall become, adopt the Majestic principals of equal

副島　その数字は私も見ました。

BF　それから、FBIの統計では、年間4万人のアメリカ人の子供が行方不明になっている。

副島　それも真実だと思う。なぜなら、人口自体が3億4000万人のアメリカは大きな国ですからね。あと、いろいろな形で、現に大量に2000万人も押しかけて来ている移民（migrant マイグラント）の一部が人身売買《ヒューマン・トラフィッキング》の形で行われている。ウクライナのきれいなかわいい女の子たちが売られて来ているのも事実だと思います。

BF　で、その子供たちの行方を調べた人たちによると、この行方不明になった子供たちは完全に行方不明になっていて、どこかで奴隷労働に従事しているわけではないのです。これが事実なんですよ。意見ではなく。

副島　それで、誘拐（キッドナップ）されたその子供たちの一部を救済するために正義の軍隊（米軍の憲兵隊、MP ミリタリーポリス）が動いたとき、果たして何千人を救済したのか、という証拠が出ているのですか。私が気にしているのはそこなのです。

BF　そこは私も気にしていて、情報筋に同じことを聞いています。すでに解放された子供たちの写真があればそれも見せてくれと。

副島　分かりました。それで私は繰り返しますが、この後《あと》、トランプ政権が始まったあと、400人なのか、4000人なのか、4万人なのか、ディープステイトで凶悪犯罪を犯した重要人物たちを本当に起訴（indictment《エンダイトメント》）して裁判にかけるのか、かけないのか、この1点だけが大事なのです。それ以外は、ただのコメントです。ご意見だ。ただの freedom of expression《フリーダム オブ エクスプレッション》 言論の自由だ。私はそれらには興味がない。私自身も言論の自由で自分の意見（考え）を言っているだけだ。空虚《ヴェイカント》です。

◆トランプは2人いる？

BF　闇僚の話に戻ります。先ほども言いましたが、現時点で指名されている闇僚の名前を見ると、トランプが率いる新政権は、「不法移民・製薬会社・ウクライナの問題に多少メスを入れて一般市民の怒りの〝ガス抜き〟を図りつつ、ロシアを味方につけて第3次世界大戦を勃発させる……」という戦略を描いているようにしか私には見えません。

トランプが大統領選挙に勝利した後、最初に会った外国の指導者が南米アルゼンチンの大統領ハビエル・ミレイだったということも、私は怪しいと思っています。ミレイはチャバド（ユダヤを名乗る過激派カルト集団）の本部に出入りし、以前から「子供を生け贄にする悪魔崇拝の儀式」にも参加していると言われているいわくつきの人物です。

トランプの当選が決まったあと、娘のティファニー・トランプ（モデル）がXに載せたトランプ・ファミリーの写真があります。ここにイーロン・マスクが右端に写っていたことで話題になった集合写真です。副島さんがこの話が嫌いなのは分かっていますが、この写真をよく見てください。

ここに写っているドナルド・トランプは明らかに偽物です。なぜなら、トランプのふたつ隣に長男のドナルド・トランプ・ジュニア（通称ドン・ジュニア）がいます。ジュニアの身長は185センチ、本物のトランプの身長は190センチです。ところが、見たところ写真のトランプはジュニアよりも背が低い。さらに言うと、この集合写真にトランプの妻メラニアの姿がないことも引っかかります。たびたび登場する偽トランプの身長は170センチほどであるため、身長180センチのメラニアの横には絶対に並ばな

トランプは２人いる（フルフォード）

この写真を見ると、身長190cmのはずのトランプが、身長185cmの長男（左から３番目）より背が低く見える。

これまで、背の低いトランプは、言動がおかしいことが多かったため、小さなトランプは「悪いトランプ」で、本物の背の高い「いいトランプ」はコロラド州のシャイアン・マウンテンのNRAD（ノラド。北米航空宇宙防衛司令部。核戦争の管理本部）にいるとも言われている。

いと言われているのです。

副島　ちょっと、ちょっと。ボディ・ダブル（身替わり人間。替え玉《だま》）の話はもうやめてください。なぜなら、それを言い出すと政治言論にならないんですよ。私は言論人ですから。この時、奥さんのメラニアは疲れて先に部屋に帰ったと言われています。それからトランプの横にいるノッポの3男坊（バロン。メラニアとの子）は、長身で2メートル6センチです。確かにトランプがちょっと低い気がします。しかし、自分の家族、一族がいるところに替え玉が入って来たら、すぐに分かられるでしょう。

BF　いえ、言わせてください。要は、イーロン・マスクがトランプの影武者（ボディ・ダブル）を使って自分が大統領になろうとしているという説があるんですよ。これは、イギリスのMI6《エムアイシックス》筋からの情報なんですが。この偽のトランプを使ってイーロン・マスクがアメリカの国家権力を握ろうとしているというんです。ちなみに、次のページの写真は2022年のハロウィンの時のマスクの仮装です。彼は胸のあたりにバフォメット（＝悪魔）が描かれた衣装でコスプレをした自分の写真をXに投稿しています。私はこれも気になっています。

副島　イーロン・マスクが影の大統領だという説があるのは分かります。ちょっとこの話は待ってください。影の大統領（シャドー・プレジデント）と言われているのはピーター・ティール（Peter Thiel）です。イーロンやDJヴァンス（副大統領）の親分です。でも黒子《くろこ》に徹して公《おおやけ》public《パブリック》の場に出て来ません。イーロンが実質大統領だ、というのは、前のほうで話し合いました。彼のスターリンクの衛星群がディープステイトの選挙不正用の衛星にDos V attack《ドスヴィアタック》をかけて破壊し、トランプ勝利に導いたからだ。

BF　ですが、イーロン・マスクは「無」から作られたドルのマネーロンダリングの担当者である疑いが濃いと言えます。なぜなら、今、テスラの時価総額は1・37兆ドルです。でも、売上げ台数は年間170万台。しかもこの数字は減ってきている。それと比べてスズキの時価総額は220億ドルですが、売上げ台数は今、年間200万台以上だし、とてもいい勢いで成長しています。つまり、テスラの時価総額がスズキの時価総額の62倍なのは、マネーロンダリング以外の何物でもありません。だから、イーロン・マスクが世界一のお金持ちだというのは、ただのプロパガンダです。

だから、イーロン・マスクがいるこの政権が、ビットコインなどの暗号資産を推進す

トランプが大統領選挙に勝利した後、最初に会った外国の指導者が、アルゼンチン大統領のハビエル・ミレイだったこともフルフォード氏はおかしいと思っている。

ミレイはチャバド・ルバヴィッツ（ユダヤ教を名乗る過激派カルト集団）の本部に出入りし、以前から子供を生け贄にする悪魔崇拝の儀式にも参加しているとしきりに噂されている人物だから。

イーロン・マスクがトランプの影武者を使って、自分が大統領になろうとしているという説もある（フルフォード）

2022年のハロウィンの時のマスクの仮装。胸にバフォメット（＝悪魔）が描かれた衣装でコスプレしていた。

ることも今、さかんに言われています。しかし、私が聞いているのは、暗号通貨にはバックドアがあって、カモが引き寄せられるように嵩《かさ》上げをしてあって、カモがつぎ込んだ資金を奪う工作が行われているから、暗号通貨には絶対に手を出さないほうがいいと思う。その目的が「アメリカの国家破産を回避するため」であることは明らかです。

副島　そのとおりです。イーロン・マスクが委員長になった「政府効率《こうりつ》化省」は Department of Government Efficiency《エフィシエンシー》 の略語が、DOGE で「ドージ」なんですよね。それが暗号資産の DOGE と同じだと言われています。クリプトアセット（暗号資産）で有名なのは、このドージコインとイーサリアム（こっちは実物価値 intrinsic《イントリンシック》 value《ヴァリュー》 が付いている、とされる）です。確かにこのドージコインが大事です。私が調べたら、ドージというのは中世イタリアの都市国家の総統《ガヴァナー》のことです。犬の dog ではありません。このドージコインのドージがそのまま Department of Government Efficiency になった。マスクはそこのトップです。

BF　ええ、そうです。ただ、トランプについてはまったく別の話も聞きます。それは、コロラド州にある地下要塞シャイアン・マウンテン空軍基地（北米航空宇宙防衛司令部の地下司令部）に〝本物のトランプ〟がいて、アジアの結社やロシア、アングロサクソン同盟のファイブ・アイズなどと連携して世界の問題児であるイスラエルとアメリカの既存体制を完全崩壊させようとしている、というものです。

さらに情報筋は、「世界連邦体制（緩やかに連帯する多極的な世界）を誕生させる交渉の一環として、権力者たちに私物化されている世界各国の民間中央銀行を国有化すべく計画を立てている……」とも話しています。この話が本当ならば、ビットコインを推進しようとしているのもカムフラージュで、計画が成功した暁には大本営発表がガラリと変わることも考えられます。

副島　フルフォードさんは、本物のトランプはコロラド州のシャイアン・マウンテン（核戦争用の司令部）にずっといると言ってるわけですか。そして、トランプは世界連邦の大統領になろうとしている、と。しかしトランプは、これまでに何度も「私はアメリカ合衆国（the US《ユーエス》）の大統領であって世界の大統領ではない。諸外国は、自分の力で生きてくれ（今のアメリカにはお前たちの面倒まで見る力はない）」と言っていますからね。私はこの考えを支持しています。

２０２１年の１月11日に、軍人トップのマーク・ミリー統合参謀本部議長を始めとした軍人たち８人がトランプを裏切りました。空軍トップの黒人のチャールズ・Ｑ・ブラウンだって、この時裏切った８人の最高位の将軍たちの中に入っていた。それが２０２１年の１月11日だった。この前日からトランプはホワイトハウスを離れて、まずテキサスの西の外れにあるアリビーン空軍基地に飛んだ。アリビーンにも核戦争用の司令部がある。その後、アラモの砦へ行って、エルパソへ行って、「この国境線の壁の塀（12ｍぐらい）を一所懸命、私が作ったんだから、壊すんじゃない。不法移民をこれ以上入れるな」と演説して、１月13日にはワシントンに戻った。そして副大統領のペンスを呼びつけて、「お前の権限（上院議長《セネトチェアマン》）として前年11月の大統領選の結果を拒否しろ。不正選挙が有ったと言え」と説得した。しかしペンスは言わなかった。あの時、トランプの敗北が決まりましたね。トランプは「ワシントンＤＣで戦争はしない。もう撤退する」と言って、自分の負けを認めた。メラニアたち家族とともに１月20日の朝６時に、アンドルーズ空軍基地からフロリダ州のマール・ア・ラーゴに飛んだ。ところが、トランプはそれからさらにコロラドのシャイアン・マウンテンに飛んだとフルフォードさんは言うのですか。

BF　ええ、本物のトランプはいまでもそこにいると言われています。

副島　私が知っているのは、コロラド州のシャイアン・マウンテンの、NORAD《ノラド》（北米航空宇宙防衛司令部 North American Aerospace Defense Command）は、地下何十階かにあって、エレベーターで毎日降りたり昇ったりするのが軍人たちは嫌になった。だから、近くのコロラドスプリングス市の基地に、今は地上に上がっているんです。地上に本部がある。そして今は、NORAD《ノラド》よりもテキサスのアビリーン基地のほうが、新しい核兵器をいっぱい持ってるんじゃないかと思います。そこが本当の新しい核兵器の基地かな、と私は思っています。だからトランプがノラドの地下司令部に潜む理由はないですよ。

私はトランプが何人もいるという話は受け付けません。写真撮影用の替え玉《ボディ・ダブル》はいるだろうけど。演説《スピーチ》をしたら本人か、すぐに分かりますから。ヨタヨタしているバイデンには明らかに俳優の替え玉がいる。そういうことばっかりを言ったら、政治言論でなくなる。信用をなくすんです。フルフォードさん、やめたほうがいいですよ。

BF　でもですね、2021年1月のときも、トランプが辞める前に、彼の内閣、元海軍上がり、海兵隊、みんな辞任したでしょう。それでその後から出てきたトランプは、いきなり言動が変わったんですよ。それまでワクチン反対だったのに、自分の息子のバロンがワクチン被害に遭ったのに、急にワクチン、みんな早く打とうと言って。

副島　大統領の時、自分も打ちましたからね、メラニアもね。

BF　それは、要するに同じオペラの脚本家が代わった。監督が代わった。それで役者も代わったけれど、まだ「トランプ役」というものが維持されている。そういう印象なのです。だから非常に理解しづらいけれども、長年現場を見ていると、私はそういう結論に至らざるを得なくなったわけですよ。

もちろん、たとえボディ・ダブルが何人いたとしても、トランプという役柄が維持されている限りは、それを言うことに意味がないという意見は分かりますよ。ただ、トランプの場合、背の低いトランプはどうも言ったりやったりすることが信用できない。だから、副島さんがおっしゃることも分かりますが、私も言いたいことは言って、最終的には読者に判断してもらいたいです。

◆ジョン・ロバーツ最高裁長官はピストル自殺するしかないはず

副島　それでいいです。トランプが勝利して正式の政治権力を今回、握った以上、新しく指名《ノミネイト》されたキャビネット・メンバー（閣僚）たちがこれから何をやるかを議論しなければいけない。それ以外のことを話しても、それは政治言論、即ち政治評論や政治分析《アナリシス》にならないんです。

BF　ええ、それは分かりますよ。目の前の現実として今、何が起きているかを言いますと、トランプ陣営は1月20日の大統領就任式まで待つつもりがないらしいです。1月20日に正式にトランプ大統領になるまでは、バイデン政権はまだ権限を持っています。それまでとんでもない悪さをすることができる。だから、今、何が起きているかというと、ブランソンという人が最高裁に裁判を掛けたんです。何の裁判かというと、2020年の選挙は選挙泥棒だったということをめぐっての裁判です。今回、トランプが勝利したために、その裁判が動きだすんです。要は、2020年の選挙が選挙泥棒だったのなら、今の政権の人たちに今すぐ引退してもらう。プラス。今トランプが言っているのは、閣議で特別な法律を使って、議会が招集される前に２０２０~24年（バイデン政権）の間も、自分が正式の大統領であったことを確認する。だから、今すぐ権力をとって、1月20日を待たずに、向こうに反撃する時間を与えずに、大掃除を始めようとしている。

副島　分かりました。でもバイデンはトランプに「穏やかな《スムーズ》政権移行《トランジッション》を約束する」と対面して言いましたからね。トランプももう事を荒立てないでしょう。11月28日の感謝祭（サンクスギヴィング・デイ）の前に人事問題をすべて片づけて、キャビネット・メンバーがほぼ決まったら、トランプはすでに「選ばれた大統領 President elect《エレクト》」ですから。あれこれ行動に移すのは分かります。ただ、法律を執行（実行）する権限がない。

BF　だから、最高裁判所が２０２０年の選挙が選挙泥棒だったと判決を出せば、すぐに権限がトランプに手渡される。そういう動きが今、実際に起きている最中なんです。

副島　最高裁判所は3権分立《ぶんりゅう》のうちの②judiciary《ジュディシアリー》 branch《ブランチ》（司法府）です。③executive《エグゼクティヴ》 branch《ブランチ》（行政府）である政権（ホワイトハウス）に司法（正義）判断をすることはできる。しかし強制力はないでしょう。①議会、即ち立法府（legislative《レジスレイティヴ》 branch《ブランチ》）がホワイトハ

ホワイトハウスの前に設置された台。首つり台ではないかと噂されている

Sent: Tuesday, October 29, 2024 9:41 AM
Subject: THE WHITE HOUSE

落選が決まった直後の左からオバマ、ヒラリー・クリントン、カマラ・ハリス、ミシェル・オバマ。冴えない顔が並ぶ

ウス（行政府）を行動規律、担保（保証）する。それでも司法判断が出れば、とフルフォードさんが言っていることは分かります。ただ、そんなこと言ってられないですよ。ジョン・ロバーツ最高裁長官自身がエプスタイン島に行ってる証拠が出ていて、この男は、自ら恥じて辞職するか、あるいはピストル自殺するか、それ以外に他に手はないんですよ。トランプが勝利した時点で、法的手続きとかなんとか、もう今、そういう段階はすでに終わっている。ブランソン裁判なんて、どうでもいいんです。ジョン・ロバーツにしてみれば、辞職するか死ぬしか選択肢がない（37ページの写真参照）。

BF　今、ホワイトハウスの前に、首つり台が設置されているの知っていますか（笑）。それで、340人の政治家がすぐ死刑になると聞いています。

副島　だから、本当にそれをやるかやらないかなんだって。

BF　軍事裁判（tribunal《トリビューナル》）というのは、普通の民間裁判と違って、判決が出てすぐ死刑です。控訴とか上告とかありません。即、死刑です。今、その軍事裁判が始まっているんですよ。

副島　私はそこまでの権力は軍にはないと思います。今の最高裁判事の中では保守派はアリート（73歳）がまだ立派なほうで、若い女のエイミー・バレット（51歳）は駄目だ。どうも女子修道院で女たちのための秘密の儀式に参加していた。黒人のトーマス（75歳）はまだまともです。だからアリートとトーマスと、ゴーサッチ（56歳）とカヴァノー（58歳）がいるから、なんとか司法府を続けることはできると思うけど、ジョン・ロバーツは何度も言うように、ピストル自殺するしか他にすることがありません。

BF でしょうね。あと、ソトマイヨルという最高裁判事を辞めさせて、カマラ・ハリスに置き換えるという話があったけど、それも失敗しました。

副島 そういう議論がありましたね。

BF 結局、オバマと「ビッグ・マイク」（ミシェル・オバマ）が今、どこにいるか分からない。選挙の後、行方不明です。トランプ勝利が決まったときにオバマの超《チョー》さえない写真が今、出回っています（この収録が終わってから、オバマはドバイに身を潜めているという情報が入ってきた）。

第2章

日本はアメリカの属国を辞められるのか

◆フルフォード氏主催の革命会議に副島氏が臨席

副島　9月19日に私はフルフォードさんに右翼の大物の朝堂院大覚（ちょうどういん・だいかく）さんの、田園調布3丁目のお屋敷に連れて行っていただいて、大変勉強になりました。壮々たる右翼の皆さんにもお会いしてお話しできて楽しかったです。フルフォードさんが紹介してくれなければ、表情からしてあんな恐ろしい人たちに普通の日本人は付き合うことはできません。フルフォードさんの交友の広さが、いろいろのこの世の裏側《うらがわ》の真実の情報の素《もと》になっているのですね。

BF　小泉進次郎が自民党総裁に担ぎだされたので、もう今の日本政府はダメだと覚《さと》って、私は右翼の親分連中に革命会議を呼びかけました。それで副島さんにもお声をかけました。

最初、9月13日に、私は国税庁に宣戦布告の手紙を手渡しました。前述したとおり、厚生労働省の詳細なデータで、コロナワクチンによって日本で50万人が殺されたことがはっきりしました。私たちは毎月、日本国に税金を支払っています。だけど、こんな大量殺人を犯している政府にお金をやるのは暴対法《ぼうたいほう》違反と同じだ。厚労省は組織暴力団と同じだ。だからもう税金を払わないぞ、と宣戦布告の文書を書いたのです。

私はそれ以前にも武蔵野警察署に、ワクチンでの大量殺人の証拠資料を渡して刑事告訴している。一応受理されたけど、上に握《にぎ》り潰《つぶ》されました。だから、警察ではダメだから、今度は暴力装置を持っている団体に声をかけたのです。どれも有名な任俠《にんきょう》団体ばかりです。さらに、CIAの良心派からもOKが出ている事案なのです。革命の実行の基本戦略として日本銀行、NHKと総理府を悪魔たちから解放して、日本の大本営《だいほんえい》を変える。まず真っ先にNHKを掌握して、全国民に、ワクチンが大量殺人犯罪だったと発表する。首謀者は駐日大使のラーム・エマニュエルであるということを日本国民に知らしめて、彼らを逮捕する。そのために緊急軍事政権を発足させる、という考えで。

副島　そうですか。壮大な革命プランですね。はっきりしてることは、小泉進次郎を首相にすると懸命に動いたのがラーム・エマニュエル大使だった。ところが、何としたことか、統一教会勢力（安倍晋三の直系）である高市早苗が急激に出現して小泉進次郎と票を分け合ったことで日本の反共右翼の勢力が分裂したので、ラームの戦略は失敗した。総裁選の決選投票が石破茂と高市早苗になってしまったでしょう。あれはラームにとって大きな計算違いでした。アメリカ帝国の日本管理戦略の大失敗なんですよ。それで反米自立の石破が勝った。石破茂の先生（育ての親）は田中角栄です。角栄こそは日本の本物のポピュリスト（民衆主義者）でした。

BF　小泉進次郎は、ジョージタウン大学に留学してCSIS（戦略国際問題研究所）のマイケル・グリーン（本当の姓はグリーンバーグでユダヤ系）と共著で論文を書いています。その中で端的に言うと、日本人はユダヤ人に従うべきだと書いている。要は悪魔崇拝に従うべきだと。だから進次郎を阻止するためにどうしても革命会議を開く必要があると私は考えました。本気で戦うつもりです。

副島　朝堂院大覚さんのところに右翼の親分たちが集まって、フルフォードさんが私をそこに連れて行ってくださった。そこで、フルフォードさんは、ラーム・エマニュエル駐日大使を捕まえるのだ、これは犯罪が目の前で行われているのだから一般国民にも認められている。現行犯逮捕だ、しかも証拠付きだ。と出席者の前で提案しました。しか

「ラーム・エマニュエルを逮捕せよ、というフルフォードさんの理屈が正しいと、後で分かりました」（副島）

第31代駐日米国大使ラーム・エマニュエル

トランプが勝利したことで、もう出身地のシカゴにもニューヨークにも帰る場所はない。それでもDNC《ディエヌシー》（米民主党全国委員会）の委員長に立候補した。首都ワシントンに戻ってトランプ派と闘う覚悟だ。もう、こんなラーム（オバマ政権１期目で主席補佐官。その後、大都市シカゴ市長）のような男しかトランプと威勢よく対決しようという人間はいない。もう１人、ネオコン派の親分のウィリアム・クリストルがいる。

し、大親分たちは口ごもったというか、そんなことは実現しないよ、という困惑した態度でした。

私はあの時、ああ、フルフォードさんは偉いと思った。その時は私はフルフォードさんが一体、何を言っているのか分からなかった。理解できませんでした。居並《い》んでいた右翼の親分衆と同じです。だけど、今、日本で悪人のラーム・エマニュエルを逮捕しなければいけないという行動は、これは正しい判断だと、私は後で分かった。フルフォードさんの脳（頭）の中では、自分、フルフォードさん自身とラーム・エマニュエル駐日アメリカ大使は対等なんですね。対等で、同格だ。あいつは犯罪者であるという証拠付きだから、目の前で現行犯で逮捕するという理屈（理論《セオリー》）は正しいんですよ。

ところが、それを私たち日本人の側が理解できない。なぜ理解できないかと言えば、それは、我々は属国《ぞっこく》日本の人間で、予《あらかじ》め頭、脳をすっかりやられているからです。正しい判断力を長年の、アメリカ帝国による洗脳教育によって奪われている。アメリカ帝国のslave《スレイヴ》（奴隷国民）だからです。だから、そういう健全な思考回路がない。このことに、私はハタと気づきました。

私のおハコ（十八番）である属国日本論から言うと、駐日アメリカ大使は、日本国王である（とても皇帝《エンペラー》ではない）天皇より上なんです。首相よりも上なんです。雲の上、above《アバヴ》 the《ザ》 law《ラー》 の人間です。日本国憲法よりも上にあるのが日米安保条約です。この安全保障（軍事）である条約によって、日本国はアメリカの従属国（トリビュータリィ・ステイト）ですから、だから、帝国から派遣されて来る大使《アンバサダー》（軍事総督《プロコンサル》と同じ）は、日本の権力者よりも格《クラス》が上なのです。

このように日本の首相の上を通り越しているから、それを逮捕するなんて、とても考えられないのです。思考がそこに届かない。私でさえ。奇想天外、びっくり仰天というやつです。私はこのことをあとで分かった。だからフルフォードさんの判断力のほうが世界基準（world values ワールド・ヴァリューズ）です。ラームを捕まえるべきだと。国際法廷にかけてやるというのが正しいです。しかし、日本の警察もあなたが何を言っているのか、理解できない。私が初めて日本人で理解した。

朝堂院大覚さんみたいな人たちは、ある種のアウトローというか、日本の枠組みの外《アウトロー》にいる人たちだ。だから、彼らは真実を言い続ける人たちです。そうすると、普通の日本人はアウトサイダー（外側人間）にされてしまうのがみんな嫌だから、そちらの人たちとはお付き合いしませんという生き方をしている。関わると自分に災いと被害が来るから。私でさえそうやって生きてきました。それはアメリカで、ニューヨークのマフィアの人たちと付き合いたくないというのがまともな発想だというのと同じことです。でも本当のことを言う、真実を言うという点においては、フルフォードさんが正しいし、フルフォードさんの決断して取ろうとした行動が正しい。尊敬に値します。

BF　私の父親はカナダ国の大使でした。だから私はよく知っているんです。たしかに大使や大使館員が犯罪を犯した場合は、治外法権《ちがいほうけん》があります。だから、彼らが犯罪を犯した場合は、ペルソナ・ノングラータ（好ましからざる人物）にして本国に返します。そうすると特権がなくなりますから、本国で法の裁きを受けることになります。駐日アメリカ大使であるラーム・エマニュエルの場合はアメリカで。私がアメリカ軍やCIAの良心派と連絡をとって、ラーム・エマニュエルを逮捕してくれと主張したら、私の主張が通ったらしい。

副島　首相が石破茂に決まったあと、ラーム・エマニュエルは、何も騒がれなくなりましたね。ちなみに、私は、他の多くの日本人と同じように、「ああ、石破さんでよかったー。これで日本は戦争に巻き込まれない」と考えました。

BF　そう。このことは私の英文メルマガにすでに書いたのですが、要は、小泉進次郎はタビストック研究所で洗脳された人で、ジェームズ・サスーンという、サスーン財閥からお金が流れているという噂がありました。小泉の派閥の全員に。それぞれ数千万円ずつ現金が流れているという噂が。私は英国大使館と、英国上院の広報室に電話して、その真偽を確認しました。本当ですかと。答えは、肯定も否定もなかった。肯定も否定もなかったけれど、一応ジャーナリストとして私は必要な裏取り作業をしたから、それを書いても名誉毀損にはなりません。サスーン財閥は小泉の派閥に賄賂を払ったということが公になるとやりづらくなるわけです。

副島　そうですね。権力者たちにとってジャーナリズムの怖さはそこですね。彼らはジャーナリズムまでは完全に管理、統制できないんですよね。

BF　そう。ただこの場合やっぱり大事なのは、調査する工程もちゃんと法に従わないといけない。なぜなら、そこで適正《デュー・プロセス・オブ・ラー》な調査報道に失敗して真実が封印されると、もう民主主義が終わるというのが今の状況ですから。

あとこれは私に入っている情報ですけれど、ハザールマフィアは、コロナウイルスワクチンでの大量殺人に飽き足らず、今度は新手《あらて》のレプリコンワクチンでさらに日本人を殺そうとしている。

副島　レプリコンというのは、「レプリカント」なんですよね、本当は。

BF　そうです。レプリカントです。

副島　レプリカントだと言えば、日本人は分かるんです。アーノルド・シュワルツェネッガーがやった映画の『ターミネーター』がレプリカント（人間とすっかり同じ姿をしたサイボーグ）です。あと映画『ブレードランナー』の、人造人間で一番高級なやつ。だからレプリカントと言えば日本人も分かるのに。

BF　そのワクチンを推している欧米の関係者が直近で32人粛清されたんです。だから、それでレプリコンワクチンの話は最近消えてるでしょう。

副島　そうですね、消えましたね。日本では Meiji《メイジ》 Seika《セイカ》 ファルマという会社が急に出てきて、ワクチンを大量に日本政府に売ってぼろ儲けしたと言われています。そこの現役社員たちが匿名《とくめい》で『私たちは売りたくない！〝危ないワクチン〟販売を命じられた製薬会社現役社員の慟哭《どうこく》』（方丈社）という本を出してベストセラーになっている。どうもこの匿名社員たちも怪しい連中だ。ヤラセの本です。ファイザーやモデルナの話は最近出てこない。でも今も作っているのはファイザー、モデルナなんですよ。福島の南相馬市にも製薬工場を作りましたから。本当の本当はタケダ（武田製薬）がずっと作って来た。タケダはきれいさっぱりディープステイトに乗っ取られました。

◆ラーム・エマニュエルを逮捕せよ

BF　ワクチンをめぐる最近のそういう状況を見るにつけても、私が思うのは、真実をもうどんなに隠そうとしても隠しきれなくなっているということです。

英語に「改宗者に説教する」preach to the converted《コンヴァーテッド》という言い回しがあります。これまでは、真実を話す人たちが、自分たちの仲間内でしか話をすることができなかった。世間ではその人たちは〝陰謀論者〟と蔑《さげす》まれてきた。今は、一般の人たちにもこの真実が浸透し始めた。ここがこれまでと違うところです。改宗者に説教するのではなくて、非改宗者に説教が届くようになってきた。

パフ・ダディ（P・ディディ）というラッパーがいます。本名をショーン・コムズといいます。私は関心がないのであまり聞いたことはない。この人のことは新聞も本も読まない普通の街の若いお姉さんたちがみんな知っている。それほど有名な人です。このパフ・ダディが、性的人身売買の容疑で逮捕され、パーティー参加者が子供を犯している現場を録画で撮って、それをネタに脅迫していたということが、この間裁判の中で出ました。セレブのニューズにしか興味のない人たちが、その裁判をずっと見ている。だから、ものすごい数多くの人たちが真実の世界に目が覚めた。今までは本当に5％の人だけが分かっていたものが、今は5割以上の人たちが、これは真実だと知り始めた。

同じようなことが気象兵器についても言えます。米下院議員のマージョリー・テイラー・グリーンが、「今年の8月、9月にフロリダとノースカロライナとかを襲った大きなハリケーンは気象兵器だ」とXに投稿して、5000万人の人がそれを見た。「このことを知らなければあなたは馬鹿だよ」とグリーン女史が書いたのを。その後、億単位の人たちがこのことを調べだした。気象兵器って本当にあるんだと目覚めはじめた。そ

性的人身売買の容疑で逮捕された超人気ラッパーのパフ・ダディ（P・ディディ）

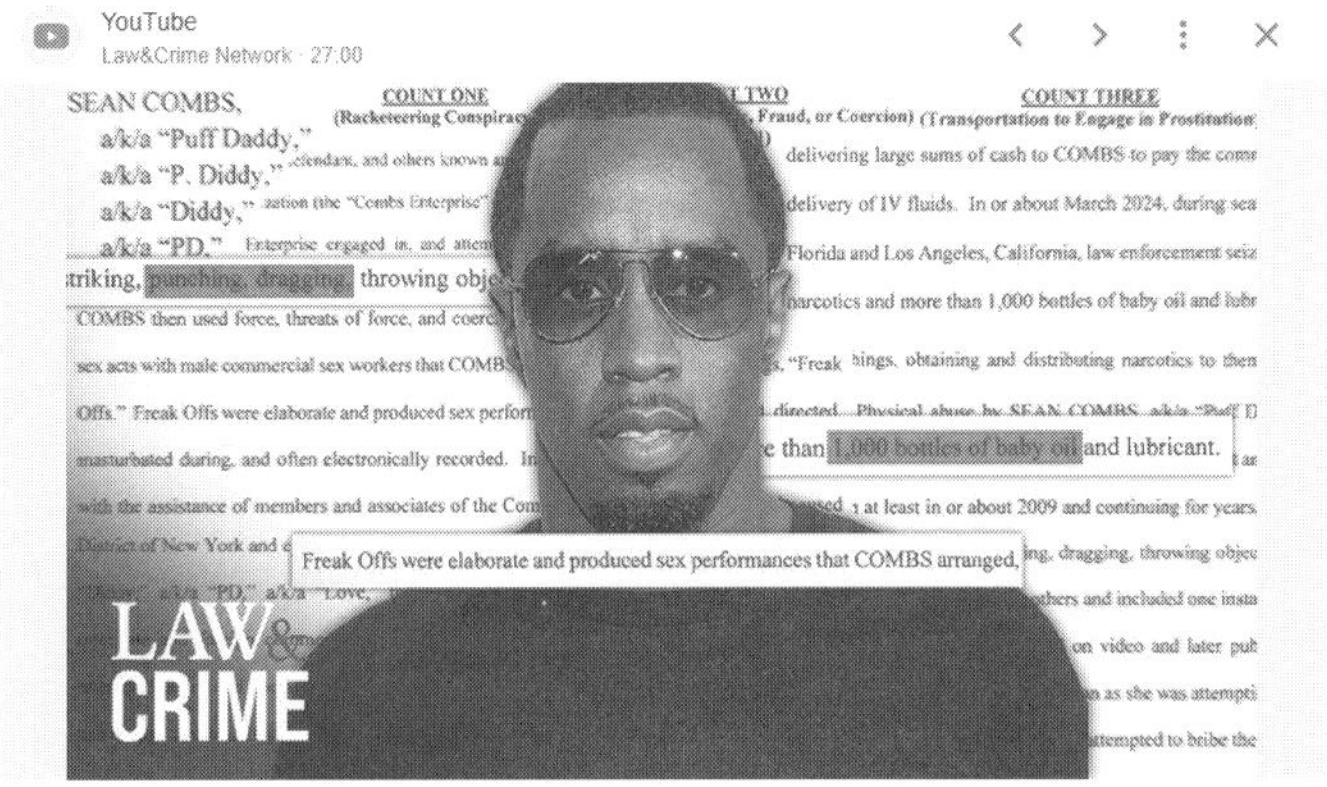

その裁判は若い世代の人たちも含め、世界が注目している

れでみんなすごく激怒している。それで今アメリカでFEMA《フィーマ》（連邦緊急事態管理庁）の部隊が、ハリケーンの被災地に入ろうとしたら、武装した市民団体に阻止されて入れなくなっているほどです。だから、本当に政府に対して武器を持って戦う市民の軍隊が出て来ているという状況だ。

だからアメリカ国民の多くが、政府は自分たちの敵だという意識を持った。それで最新の世論調査で、79％のアメリカ人が国の方向性がおかしいと感じているという調査結果が出ています。首都のワシントンDC自体がもう国の敵だといっている状況です。

日本もワクチンに関しては同じ状況になりつつあります。でもトランプが勝って、結果的にエマニュエルは失脚しました。

副島　そうです。大失脚です。あいつは12月に駐日大使を辞めても帰るところがありません。出身地のシカゴにも帰れません。シカゴ市長のブランドン・ジョンソンがエマニュエルのことをものすごく嫌っています。だからシカゴに帰れない。シカゴに帰ったら、以前の市長の時の汚職事件でラームが逮捕されて裁判が始まる。イリノイ州知事（ホテルのハイアットの一族）のプリツカーも、エマニュエルのことを嫌っています。カマラ・

ハリスが落ちたからニューヨークにも行けません。首都のワシントンに行くしかない。

だから、私はフルフォードさんが偉いなあと思って、私は加勢しますよと言った。もし、フルフォードさんが「ラーム、お前を逮捕する」と赤坂の米国大使館の前に行くのなら、私も一緒に行きますよ。それは正しいことだから、お手伝いしますと。

フルフォードさんみたいに考えるだけの脳（知能、intellect《インテレクト》）が日本人にはありません。日本は植民地ではないんだけど属国で、従属国にされたから。私たちにはそういうことを考える脳がないんです。だから、フルフォードさん、エラいと思った。

ただし、実際にそれをやって、ラームのほうに駆け寄ると、３秒後には周りの国務省の職員、すなわちＣＩＡに逮捕されますよ、と私は言いました。それでも、日本では撃ち殺されることはない。ただ、あなたが逆に逮捕されますよと。これが私の判断です。

しかし、フルフォードさんが、自分の決断と行動力でみんなにそういう提案をしたことは事実だ。日本で今こそ革命会議（評議会?）を作ろうと言った。このことは歴史の証拠として残しておかないといけないと私は思った。ラームは大《だい》犯罪者として捕まるべき人間なのだ。それで、私たちは行動しないといけない。ところが日本人は口ばっかりでね。何もしない。ただのバカ学者やバカ評論家たちなんか、私は嫌いなんです。だから、フルフォードさんが、飛び抜けて最先端の言論を日本でしている。私はそのことをたいへん尊敬しています。

ただし、先ほど言ったように、アメリカ駐日大使というのは、タイとかアルゼンチンとかの他の国の駐日大使とは違うんです。戦後、日本は敗戦国で、連合国（正確には連合諸国《しょこく》 The United Nations ✖国際連合は誤訳）とその中心のアメリカに負けた国だからです。

1959年に砂川《すながわ》闘争（事件）の最高裁判決が出て、「駐留米軍は違憲《いけん》（日本国の憲法違反）ではない」（田中耕太郎《こうたろう》長官）と書きました。即ち「日米安保条約に対して私たち日本の裁判官は何も言えません。私たちは日本国の憲法体制の中にいる日本の秀才に過ぎない。日米安保条約はその上にあります。だから、そこでの正義判断《ジャスティス》を私たち裁判官はしません」という判断でした。つまり「判断しませんという判断」をしたのです。この頃から日本国民は裁判官を相手にしなくなりました。裁判官が判決《ジャッジ》で正義を守ってくれる、なんてウソなのだ、と分かった。それ以来、日本人は誰も最高裁長官の名前を知りません。私も知りません（笑）。

BF　エマニュエルは、アメリカに帰ったら法の下《もと》にいる人間です。それでも、コロナワクチンで日本で実際に50万人が殺されたという証拠が挙がっている。そうすると、軍事警察が証拠を確認するんです。それがジャグです。そしてその挙げられた証拠が本当だったということになれば、軍が動くことができるわけです。

副島　軍の中にまず憲兵隊（MP《エムピー》）がいて、その上にジャグ（JAG）がいる。軍事法廷を開くための検察官と裁判官になる将軍たちだ。それがQアノンの正体です。その人たちの名前と顔写真を今度、私は自分の本に貼り付けようと思っています。その人たちが2015年にトランプに大統領になってくれと頼んだんですよね。

BF　だから、ラーム・エマニュエルがいなくなったのは軍が動いたから。アメリカ軍が、自分たちの大使は人殺しだ、じゃあダメだと言って動いたことが重要です。

副島　ただし、本当に逮捕したかどうか問題が大事なんです。軍人はただの軍事公務員ですからね。

BF　もちろん。もうすぐラームはアメリカに帰りますからね。大使という特権、資格がなくなります。アメリカで法の裁きを受けることになる。

副島　そうだといいのですが。もうすぐ帰ります。

◆日本は核兵器をいつでも作れる能力はあるが……

BF　私は日本にもう47年間暮らしていて、自分はもう日本人だと思っています。よく、アメリカにいるアジア系の人たちの一部に、自分のことをバナナだという人がいるんです。その意味は、外側は黄色いけど、中は白いということ。見た目はアジア人だけど、発想は白人化されている。だけど、私は逆で、自分のことを卵だ、とときどき言います。外側は白いけど、中は黄色と白の両方が混ざっているという意味（笑）。そういう感覚なんですよ。

それで私からの日本へのアドバイスは、もうこれ以上アメリカにお金をやっちゃダメだということです。これは前からずっと言っている。友達が麻薬中毒者になったとき、その友達にお金をやったら、そのお金でまた薬を買うだけですから。その友達のためにならないし、自分のためにもならない。だから今のアメリカに日本はお金を出すべきじゃないとずっと言ってきました。それはアメリカのためでもあるし、日本のためでもあると。

副島　日本が払いたくてアメリカにお金を払っているんじゃありませんよ。奪い取られるんですよ。無理やり奪い取られるんだ。

BF　だからそこは戦いをしなきゃならないということ。

副島　戦えないんですよ。日本人はバカだから。

BF　ロシアとか、中国とか、いろいろなとこから力を借りたらできる。

副島　いや、だからね、フルフォードさん、あなたが私たちを励まして支援して貴重な情報をくれるのはありがたい。感謝しています。だけど、戦えと、日本人に言うのはやめてください。戦えないんですって。日本人はアメリカと戦えない、ということの事実に対して苛立《いらだ》つことすらない。

BF　実際問題として今、日本は5000発の原子爆弾を作れるんです。

副島　そうです。核兵器を作れるプルトニウムを60トンとかたくさん持ってますよ。

BF　そう、それでミサイルもある。だから、その中にちょっと入れるだけで核ミサイルができるわけ。そうすると、在日米軍といっても5万人ぐらいでしょう。自衛隊のほうが簡単に制圧できますよ。

副島　だからフルフォードさん、ちょっと待ってください。あのね、私の仲のいい編集長でも、そういう恐ろしいことをペロッと平気で言った。「日本は核兵器を持ってアメリカに撃つ権利があるんだ」と。だけど、これを言ったら死刑です。アメリカが許さない。なぜ安倍晋三が殺されたと思っているんですか。キッシンジャーの系統のＣＦＲ《シーエフアール》（外交問題評議会。アメリカの最大の財界人組織）が殺したんですよ。なぜなら、安倍晋三が核兵器を秘密で着々と作り始めたからです。自衛隊の一部と東京電力と三菱重工の３者が共同で密《ひそ》かに作っていた。私はそれを知っていました。そうするとね……

BF　じゃあ、北朝鮮に頼めばいい。

副島　だからそれも同じことで言ってはいけない。私の周りで、一応反《はん》自民党のリベラル派の者たちからも、「日本は核兵器を持つべきだ」というバカが出てきてるんですよ。それに対して私は、「そんなバカな、危険な考えをするな」と宥《なだ》めます。「おまえな。日本に核兵器を絶対持たせない、と決めてるのは、ロシアや中国じゃないんだぞ。アメリカなんだぞ」と怒鳴りつけます。日本は核兵器を持ったらいかんのです。なぜなら核を持ったらそこにロシア、中国から核兵器が飛んでくるからです。日本には戦わない主義という戦略があるんです。「平和憲法（憲法9条）を守れ。憲法改正、絶対反対」です。日本の女たちはみんなこの考えです。女はみんな戦争が嫌いです。私はこの考えが正しい、と判断し、支持しています。私は女性差別（嫌い）主義者（misogynist ミソジニスト）ですが、この重要な問題では女たちの側に立ちます。女は民衆です。

BF　私だったら逆に、日本はロシア、中国、北朝鮮に、ちょっとアメリカから守ってくれと言えばいいと思う。そうしたら独立できるからって。

副島　いや、だからそんなみっともないことは言えないんです。助けてくれは。

私なりに核兵器とは何なのかを本気で調べてわかったことは。イギリスですら、アメリカの軍人が言いましたが、イギリスの大ブリテン島の両側に2か所、原子力潜水艦搭載のＩＣＢＭ核兵器を持っている。ＳＬＢＭ《エスエルビーエム》（潜水艦発射型の大陸間弾道弾《バリスティック》）です。イギリスはこれを２５０発持っている。でも私が聞いたアメリカの軍人は、「イギリスの軍隊には、アメリカ製の核兵器に触らせない。一切触らせない」と言いました。ポーランドとドイツの空軍基地に置いてある核も、同じだそうです。戦略爆撃機（ストラテジック・バマー）に核兵器を積んだまま駐留させる許可をその国からもらっている。でも核兵器には触らせないんですよ。核兵器はアメリカの虎の子でお宝《たから》だから。だから核の共同保有とか、共同開発するとか、そんなのは全部ウソです。

ですから私は自称の日本の国家戦略家《ナショナル・ストラテジスト》としてはっきり言います。絶対日本は核兵器を持ってはいかん。憲法改正してはいかん。これをわずかでも一歩でもずらして解釈《かいしゃく》改憲をやる奴は、私から見たらすべて敵です。つまりここを少しでも譲ったら、属国日本が成り立たない。この国は帝国になろうとしているということになる。帝国は帝国と戦争をやれ、だ。属国は生き延びることが何より大事なんだ。そのために多少、卑屈《ひくつ》でも貧乏でも仕方がない。これが日本人の本心です。

日本もそろそろ核兵器を持つべきだとか、我々はアメリカに対して復讐する権利があるなんて、ちょっとでも言っちゃいけないんです。日本はアメリカに対して復讐する権利があるとまで言った私の友人の編集長がいるんですよ。これは言っちゃいけないんですよ、絶対言ってはいけない。なぜなら帝国―属国関係が人類の永遠のテーマなのです。人類（人間）の5000年の歴史《ヒストリー》（これ以上の長さはない。あとは考古学《アルケオロジー》だ）は、世界中どの地域（リージョン）も必ず帝国と周辺の属国群なのです。属国が勝手に独立宣言して「俺たちは自由の国だ」と言えないんですよ。これはプリンシプル、原理です。それを勝手に夢や希望や願望でね、こうあるべきだ、なんて言えないんですよ。それを言うとね、厳密な学問（science サイエンス）が全部壊れてしまうんですよ、ガラガラと。

BF　私に言わせると、今、核兵器は、英語でメキシカン・スタンドオフ（Mexican standoff）と言って、互いに銃を向け合っている状態。それでどちらも身動きできない状態。だから、日本は、自ら独自の核兵器を持たなくてもいい。自分で持つのではなく、中国が攻めてきたら日本を守ってくださいとアメリカに言い、中国にはアメリカが日本を脅してきたら日本を守ってください、と言えばいい。そうすれば独立できる。

副島　フルフォードさん。あなたはやっぱり外人だから、そういうことを平気で言えるの。日本人に言わないでください。迷惑です。

BF　じゃあ親日の北朝鮮に頼めばいい。

副島　それじゃ、北朝鮮の核兵器は一体誰が作ったと思いますか、真実は。
ＢＦ　アメリカ。
副島　いや、ロシアです。中国は無関係だ。ロシア人の核兵器・ロケット管理の技術者が60人、北朝鮮にずっと入っています。プルトニウムの濃縮係に30人。核ミサイル（宇宙ロケットとも言う）製造のために30人。プーチンはそのリストを全部持っている。中国の核技術じゃない。パキスタンのカーン博士から、とかイスラエルから核の技術を買った、というのも全部ウソです。北朝鮮の核はすべてロシア製です。
ＢＦ　あとアメリカ製もあると思う。
副島　うーん。確かに一部はイスラエル経由でアメリカの技術も入っている。けれども、主体はロシア製です。
ＢＦ　だからね、中国と言わずにロシアに頼めばいい。
副島　だから、そういうことを他人事《ひとごと》で言わないでください。
　フルフォードさんは、自分が日本の首相と対等だと思っているから、そういうことを言えるんですよ。

BF いや、私が日本人にアドバイスしようとしてるのは、今、アメリカ軍の良心派が日本の独立を支援すると言っている。けれども、物理的に、もし自衛隊が、アメリカの5万人の駐留米軍を実力で国外追放した時、それに対してアメリカ政府が脅してきたら、その時、日本が逆の脅しをかければ止められる。

副島 そういう冷酷なリアリズムの軍事理論を日本人に吹っかけないでください。失礼です、それは。日本がね、どうして平和憲法を持ったのか。たとえアメリカのニューディーラー（マッカーサー大将もそう）が2週間で作って日本国に与えてくれた（押し付けた、とも言われる）今の日本国憲法を、なぜ多くの（多数派の）日本国民が受け容《い》れているのか。その意味がフルフォードさんは分かっていないんですよ。それはね、昭和天皇が、ひどい目に遭ったからだ。「私は騙された。英と米に騙された。そして戦争をさせられた。だからもう2度と騙されない」と誓った。昭和天皇は日米開戦の時、まだ40歳ですよ。だから今の天皇家は年がら年中、戦争や災害で死んだ人の慰霊祭や鎮魂《ちんこん》の祭礼ばっかりやってるんです。あそこの戦場で死んだ、ここでも死んだ、もう絶対騙されないというのが日本人の本心なんです。ですから、フルフォードさんが、また日本人が騙されるようなことを助長する言論はやめてください。私らはただの民衆ですからね。何の権限もないんです。特権もない。民衆が戦争に連れて行かれて撃ち殺されるのは簡単です。だから、あなたが日本の首相に向かって、「中国や北朝鮮に核兵器を貸してくれと頼めばいい」などという言い方をされると、本当に困る。

BF　ああそう。

◆トランプはアメリカの国家破産を回避できるのか

BF　ちょっと話の方向を変えさせてもらっていいですか。今回、トランプになったのはいいけれど、問題はすでにアメリカが実質、倒産しているということです。FRB（米連銀《れんぎん》）のセントルイス連銀が出した数字の発表や、他にも有名な学者たちもいろいろ言ってることですが、アメリカの本当の借金は、今250兆ドルを超えています。表向きは35兆ドル（ワシントンの連邦政府の分だけ）ですが、これから支払わなければならない年金とかのソウシアル・セキュリティ面の不足額の総計が250兆ドル。これは年収1

00万円の人が1000万円の借金を抱えているみたいなものです。返せる能力はない。

副島　そうですね。アメリカ政府の大《だい》借金（累積《るいせき》の負債総額）は隠してある部分が大きいですからね。私のどんぶり概算《がいさん》では、その4倍の1000兆ドル（15京《けい》円）です。

BF　だから、私は、アメリカはいったん破産を宣言して、アメリカという国を終わりにするしかない。そこで私は、今のアメリカの代わりに北米連邦の誕生をプッシュしている。これからのトランプ政権に望むのは、破産宣言をして、それで国内的には徳政令、つまり一時的なジュビリー（Jubilee）、借金棒引き令《れい》を出すこと。出さないと結局、このトランプ新政権は失敗に終わります。なぜかというと、今のままだと民間中央銀行（FRB）が、無からお金を作って、それでアメリカ国民みんなに借金を負わせて、そこから資金を吸い上げるシステムが永遠に続くことになる。アメリカ人はますます貧乏になる。人民が貧乏になっていくと、必ず政権を転覆《てんぷく》するようになる。

副島　そうですね。フルフォードさんの、トランプ政権は破産宣言する、そして米国債（TB《ティービー》。米財務省証券）を返済（償還《しょうかん》。リデンプション）しない。借金棒引き令を出すだろう、という近未来《きんみらい》の予測に賛成です。トランプはこれをやるでしょう。やるしかない。私は今、次の金融本を書いていて、ちょうどトランプ新政権がこの火事場をどう乗り切るかを書いています。

イーロン・マスクが、政府の諮問委員会の政府効率化省（DOGE《ドージ》という改革本部。激しいコスト・カッター）のトップに決まりました。これから無駄な公務員と役所を、切りまくるでしょう。8割の無能で、腐敗したワシントンの上級公務員（官僚）たち、4万人ぐらいの首切りを断行するでしょう。それで、1年間で7・6兆ドル（1000兆円）の政府予算（基礎的収支《きそてきしゅうし》だけで）から2兆ドル（300兆円）を削減できる、とイーロンは言いました。

「そんなこと、出来るわけがない」と言っている日本のバカ評論家たちは、まさしく今、アメリカで吹き荒れ始めた、トランプ革命の恐ろしさを分かっていない。

イーロン・マスクは、11月13日に自分のXに投稿して、Down the Drain.「ダウン・ザ・ドレイン」と言い出した。自分でシンク（sink 洗面台）を前に担いで、「みんな、よーく考えなさいね」Let that sink（= think）in. とも書いた。

（We send them）Down（大量に流してしまえ。あいつらをまとめて）the Drain（排水溝に）

Let that sink in. には、「洗面台からあいつらを流してしまえ」と「よーく考えなさいね」の2重の意味が入っている。これは、Down the Drain.（あいつらを大量に排水溝に流してしまえ）と同じ意味だ。

という意味です。

これは、より大きな標語であるDrain the Swamp「ドレイン・ザ・スワンプ」という、トランプ勢力がこれまでの8年間ずっと掲げてきたスローガンに通じる。swamp《スワンプ》とは、ド穢《ぎたな》い、どろどろの沼地のことで、ここに棲息《せいそく》しているヘビやムカデやヒルやイモリのような、まさにヒラリーたちのような極悪人たちのことだ。この腐った広大な湿地帯（これがスワンプ）から、悪い水を抜いて、灌漑《かんがい》（イリゲイション）する。これがドレインdrain です。そして、それらの害虫たちの群れを日干《ひぼ》しにして駆除《くじょ》する。それから埋め立てて整地する。この「ドレイン・ザ・スワンプ」にいよいよイーロンが手をつける。

そして、金融経済政策においては、トランプは、大きな奇策に出ると私は思っています。それは、敗戦国家で、ワイマール体制の無惨なドイツで1930年代に行われた、シャハト債券（Schacht bond）、あるいは、Mefo Wechsel《メーフォー ヴェクセル》と同じ手法を取るでしょう。これまでの巨額の負債をそのままにして、凍結する。そして、それとは別個に新しい債券、国庫証券のようなものを発行して、それで大規模の財政出動をして、それで貨幣（通貨、マルク）に信用を付けた。このやり方をするでしょう。

第1次世界大戦で多額の賠償金を科せられたドイツは、ヒャルマル・シャハト財務相が先導してMefo Wechsel（メーフォー・ヴェクセル）という新たな国庫証券を作った。「シャハト債」とも言われる。トランプ新政権はこれと同じ手法を使うだろう（副島）

ヒャルマル・シャハト
（1877－1970）

1936年、ヒトラー総統と一緒に写るシャハト財務相兼中央銀行（ライヒスバンク）総裁（中央）

つまり、この Mefo《メーフォー》 Wechsel《ヴェクセル》でこれまでの借金を横に置いて、隠して氷漬けにして、新たに借金証書を作るのです。これでフォルクスワーゲン（国民車）を作り、アウトバーン（高速道路）などを作って景気を一気に回復させた。これをドイツで、ヒトラー政権でヒャルマル・シャハト財務相が始めた。これでドイツはたった数年で復興した。しかしこのあと結局、戦車や大砲や戦艦や戦闘機を大量に作る戦争経済（ウォー・エコノミー）に走り、結局、次の大戦でドイツは滅びました。

BF 似たようなことは日本もやっています。私は2000年代の初め頃、日本の借金が1200兆円と言われていた時、その年の新規の赤字が67兆円だった。この借金額の発表の次の日、私は財務省の担当部署に電話して、「それでは今回で日本の借金総額は1267兆円になるのですか」と聞いた。そうしてら、「いいえ、借金は1200兆のままです」と言われました。なんだこれは。でたらめじゃないか、とたいへん驚きました。はみ出した分は、別のところへ持っていってそっちに潜り込ませる。昔のバビロニアの文献にも出ていますが、要するに、国家にはいつまでも永遠に払えない借金があればいいわけで、つまりはそれが借金奴隷制度なんですよ。

副島　私は、帝国─属国理論を40年かけて作ってきた。この私が日本の国家財政や会計を見ていてはっきりと分かることがある。なぜ時給1000円で働いている人々が3000万人もいるこの国で、どうしてそんな巨大な赤字が生まれたかです。それは、アメリカが持って行くからだ。日本の国民の資金を、一体アメリカがいくら持って行ったと思いますか。アメリカが抱える合計1000兆ドルの総負債額のうちの、16％がアメリカが日本から奪い取った資金ですよ。160兆ドル（1京《けい》8000兆円）です。こういうことを私は自分の金融本に書いてきました。それなのに、アメリカが悪いんだということを日本人は誰も言わない。

BF　あと日本銀行は日本銀行ではないということがある。日本銀行を実際に持っているのは結局、バークレー銀行と、ルクセンブルクにあるエドモンド・ロスチャイルド銀行とヴァチカン銀行です。

副島　もうロスチャイルド時代の話は今は置いてください。

BF　違う。ロスチャイルドが今でも、ローマ教の借金奴隷制度の司令部なんです。だから日本銀行を国有化すれば、税金もいらない、借金もいらない、国民年金も全部払える。

副島　フルフォードさん、日本銀行はもとから国有銀行なんですよ。ＦＲＢとは違う。

ＢＦ　でも今は違う。

副島　いやいや。裏側でロスチャイルド家が持っていると言うけれども。だって大蔵官僚がそのまんま日銀総裁になるじゃないですか。

ＢＦ　日銀総裁には何の権利もない。私は記者の時、日本銀行担当だったんですよ。

副島　だからね、フルフォードさんは帝国―属国理論を取ってくれないから、日本の惨《みじ》めさを理解できない。

ＢＦ　いや、日本が属国であることは分かりますよ。私はその属国をやめるべきだと言っているのです。

副島　やめるべきですよ。でもやめられますか？　簡単に。

ＢＦ　できるよ。

副島　いや、そんな甘くない。

ＢＦ　あのね、欧米の良心派と組めばできる。私は具体的にそのために働いているんです。

副島　だからできるできるというのは、ただの夢、希望、願望であって現実はそんなに甘くありません。

フルフォードさんが言うように、それをやるべきなんですよ。日本は独立すべきなのです。だけどできない。時給1000円で働いている人が国民の下のほうにいっぱいいてね、東京は1200円ですけど。田舎へ行くと860円とか900円で働いている人がいっぱいいいる。いいですか。日本のサラリーマンでね、私と付き合いの長い編集者たちでも65歳になっていくら年金もらってると思うんですか、大学卒業後34年間、出版社に勤めていくらだと思いますか？　月々。

BF　わからない。30万円ぐらい？

副島　18万円。この間、ある出版社の社長が私に教えてくれました。自分も社長辞めたら、月々18万円だって。これに奥さんの分を含めると23万円です、たったの。これが日本の現実で、真実です。

先進国なら普通、年金が50万円ぐらいありますよね。日本はその半分しかない。分かりますか、この貧乏国の現状を。

BF　その理由がさっき言ったバビロニア式の借金漬け奴隷管理法なんです。つまり、奴隷たちが最低水準、ギリギリの生活しかできないようにして管理する。ギリギリの生活をしていると、政治の話なんかに関心を持つ余裕がなくなります。支配者にとっては、それこそ理想の家畜社会です。

副島　4000年前の話は今、しないでください。

確かにフルフォードさんの主張（理論）は優れている。私たちはまんまと国家の借金奴隷にされている。確かにそうだ。しかし、日本銀行（民間銀行のふりをした中央銀行）を国有化すれば、これまでの借金がすべて消えてしまう、というような夢みたいな政策が有り得るのか。私は疑います。

日本は、敗戦後の80年間、ずっとアメリカの支配の下でやってきました。戦争もしないで済んで経済成長（バブル経済）でいい暮らしをした時期もあります。それでも裏で毎年毎年、30兆円ぐらいずつアメリカに取られ貢《みつ》いで来た。オスプレイを買えとか、F34を買えとか、パトリオットを買えとか。ものすごい額です。ボロボロの欠陥兵器を持ってきては払い下げるように売りつけた。それでもそれらの米国製兵器は表面の国家予算で買っている。その他の大借金《だい》は全部隠してあって、アメリカの毎年の財政赤字で足りない分は、日本の財政赤字で穴埋めしている。

BF 特別会計でしょう。

副島 特別会計でさえ表に出ているものと、裏の特別会計があります。日本が空手形《からてがた》のようにアメリカから買ってきた米国債は、日本に8つある政府系の海外協力金融公庫とか言う、決算を公表しない銀行に海外資産として載っている。そして累積《るいせき》の米国債をトランプが近く「返せない」と踏み倒す時に、パーにするでしょう。日本は泣き寝入りします。もともと返してくれないお金だった、と。

アメリカの支配から日本がどう脱出するかの問題は、そう簡単に行きません。そうすると、まずアメリカが正直に破産宣言してくれというのは、私はフルフォードさんと同じ意見です。だから私は、トランプよ、権力を握るな。ディープステイトはまた巨大な不正選挙をするから、そのときはテキサス州を中心にして分離独立（secession《セセション》）して、南部とミドルイースト（中西部）の諸州が団結して、新しく「アメリカ中央国《セントラル》」として新共和国（ニュー・リパブリック・カントリー）を作れと書いたのです。。そしてワシントンを破産させろと。

BF　そうそう、ワシントンを破産させろは私もまったく同じ意見。

副島　でしょう。ところがトランプが当選して権力握っちゃった。公式の権力を。

BF　そう。しかし、公式の権力を握ったとしてもお金はないですよ。だから会社の社長になっても、経営はできない。トランプがいくら政府の無駄遣いを減らすとか、関税をかけるとか言ったって、そんな甘いものではないですから。つまりはトランプには破産宣言しか選択肢が残っていない。

副島　だからナチス・ドイツ国は破産宣言をしないで、手品《てじな》で生き延びたのがシャハト・ボンドですね。シャハトがヒトラー政権に入って、彼は財務長官兼中央銀行（ライヒスバンク）の総裁になりました。

トランプは、どうも悪人になりきって、ディープステイトの大富豪たちと和解して、外国を敵に回してアメリカ国を復興（これがMAGA《マガ》運動）させようとしている。だから私は、トランプ当選の直後から、激しく危惧《きぐ》しているのです。トランプ当選を手放しでは喜べない、と。

BF アメリカが抱えている借金の大半は中国に対する借金ですから、私の付き合いの深いアジアの秘密結社は、中国はもう絶対にアメリカにお金を貸すなと言っているのです。麻薬中毒者にお金を貸しても薬に使うだけだから、絶対貸すなと。ここで言う麻薬というのは、アメリカの場合、戦争や資源強奪、要は各地で紛争を起こしてそこで人身売買や臓器売買、マネーロンダリング、本物の麻薬流通などの悪事をすることです。結局、アメリカはアジアからお金をもらうとウクライナでしたようなことばかりするから、お金をやらないでくださいと。

◆トランプは中国に台湾をいくらで〝売る〟か

副島 そうかー。フルフォードさんの戦略（対策）がようやく分かってきました。「アジア諸国はアメリカにこれ以上カネを貸すな、渡すな」というのは、本当に優れた考えです。確かにそのとおりだ。

私が一昨日考え付いたことで。アメリカはまだ黙っているけれど、おそらく台湾から撤退すると思う。米軍の最強の陸軍部隊（かつてのグリンベレー）が3万人ぐらい、台湾の真ん中の台中《たいちゅう》に潜んで駐留している。これが帰り始めたようです。台湾を中国に戻す（返《かえ》す）から、その代わり金を払えと、中国にトランプは言うと思う。

金額はおそらく3兆ドル、500兆円ぐらいでしょう。これはトランプディールです。どうですか、3兆ドルじゃ足りない？

BF　もうその交渉は裏で行われています。今行われている交渉額は100兆ドル。

副島　いや、そんなには中国が払えない。

BF　3兆ドル程度ではどうにもなりません。それではアメリカの1年分の生活費にしかなりません。

副島　そうでしょう。しかし、相手が払えないお金を請求しちゃいけないんです。

BF　いやだから、さっき言ったように、次の注射までのお金だけでいいからと言われて、お金をやったらダメなんですよ。麻薬中毒患者は、一旦禁断症状にさせないといけないの。

副島 うーん。だからトランプが当選して権力を握ってしまったことがどうもよくない。

BF これからトランプがどうするかがポイントです。

副島 トランプは商売人《ビジネスマン》だからすべて両方の落とし処《どころ》を見つけてのディール（取引）、ネゴシエーション（交渉）ですからね。それで私が知っている情報は、香港で雨傘革命が失敗して、香港から移動してきた3万人の米軍が、中台（台湾の真ん中）辺《あた》りに隠れている最精鋭部隊です。

BF 私のインサイダー情報を教えましょう。ミャンマーに大量のアメリカ軍が入っています。彼らは何をしてるかというと、そこの錫《すず》の鉱山を押さえている。なぜ錫かというと、その錫がないと中国の産業が回らないから、それを押さえようとしています。アメリカは今、中国と交渉するために、中国が必要な生活物資を押さえて、交渉のカードとして使おうとしています。

副島 いやミャンマーは中国が上から統制してますよ。米軍が隠れて居るとしたらカチン族（キリスト教徒、統一教会）がいるタイとの国境地帯でしょう。マレーシアとも接している。ミャンマー（旧ビルマ）は長年激しい部族間抗争がある。軍事政府がネピドー

（新首都）に在りますが弱い。カレン族という大きな部族とは、中国の仲裁《ミディエイション》で、一応話をつけているようです。

米軍はアフガニスタンの首都カブールから脱出するように撤退した（2021年8月）。だからもうアジアへの再展開（リデプロイメント）は無理でしょう。それでね、例えばインドの南、モルディブと、あそこのディエゴ・ガルシア島とかも、もう米軍撤退ですよ。モルディブ国がイギリスによる租借権《そしゃくけん》を拒否して、インドと仲良くする。イギリスの租借権（ランドリース）の上に乗っかって転借《てんしゃく》（また借《が》り）して存在したアメリカの海兵隊の軍港はもう撤退し始めました。

だいたい、日本では誰も1行も書きませんが、ミャンマーの民政《みんせい》への移転（軍事政権をやめる）を実現したアウン・サン・スー・チー女史は、実はイギリスのMI6《エムアイシックス》（国家情報部員）である夫（配偶者）の指図で何十年も生きてきた。そして先の総選挙がコンピュータによる大きな遠隔操作の不正による勝利だ、とバレた。それで軍人たちが怒って、再びアウン・サン・スー・チー（何の政治能力もない女性）を拘禁して、軍事政権に移行しました。西側メディアは、この事実を一切、報道しません。だから私以外は日本では誰も知りません。現地のミャンマーに行けば皆がアッケラカンと知っていることなのに。

BF　トランプは、もう米軍の海外駐留は嫌だって今言ってるわけ。

副島　そうです。言ってます。だから、もうミャンマーの話はしないでください。台湾の話をしてください。

BF　分かりました。台湾の問題で大事なことは、一応国民党の中国政府がWW2（第2次大戦）の戦勝国の1つだったということです。

副島　蔣介石がね。

BF　そうです。その国民党中国が、実は日本を支配する権限を戦後、連合国からもらったことを日本人は知りません。蔣介石政権が台湾に逃げて以降、蔣介石政権がそのまま日本の裏担当になって、今に続いているのです。だから日本の運命と台湾の運命は一緒になっているわけです。

副島　大きくは一緒ですね。ただし蔣介石は、自分は核兵器は持たないと決めた。その代わり、F16の飛行中隊《スクワドロン》を3つくれとアメリカに言った。それで今も台湾を防衛してるわけでしょう。米軍のあの優秀な戦闘機でね。このF16をようやくウクライナに供与し始めました。だから中国は台湾に手を出さない。そこで中国はそれなら台湾を平和的に取ってしまえばいいと考えています。

BF　だけど、ロックフェラーたちが日本と台湾の両方を、中国に差し出したんです。2022年から発効したRCEP《アールセップ》（Regional Comprehensive Economic Partnership 地域包括的経済連携協定）を使って、どうぞ日本と台湾をお好きなようにしてくださいと。それもこれもアメリカが延命資金をもらうためです。でも中国はこの話には騙されなかった。

副島　そうでしょう。中国は簡単には騙されません。アメリカの動きをよく見ています。中国皇帝がいた北京の紫禁城《しきんじょう》（the Forbidden《フォービドン》 City、天安門広場の向こう）にあった財宝は全部、アメリカ軍の駆逐艦で台湾に運びました。故宮博物院です。国共内戦も全部、アメリカがやらせた。

BF　知っています。それを運んだ人の息子と私、今も連絡を取り合っています。

副島　だからアメリカが台湾を中国に返すか返さないか、だけなんですよ。今の台湾の、あんな民進党《みんしんとう》（台湾独立主義者）なんて何の意味もない。ウクライナ傀儡《かいらい》のゼレンスキーとまったく同じだ。

BF　私も台湾へ行って、台湾の結社の人たちと話した。もし中国が台湾に侵略して来た場合の彼らの戦略は、その北京から運ばれた財宝が台北《タイペイ》の国立故宮博物院に隠してあって、展示品として出しているのは1%もないんだそうです。博物館の裏にでかい蔵があって、99%はそこにある。そこは台北を流れている大きな川の支流に面していて、中国が攻めてきたときは、すぐそこから財宝を船に載せてアメリカに逃がす計画だそうです。

副島　ああ、そうか。だからあの博物館の白菜の上に乗っているコオロギの彫り物とか。台湾まで見に行ってガッカリしました。本当の美術品は隠しているんですね。それでもどうせ長い目で見れば、財宝は中国に返すんですよ。

BF　まあいいんじゃないの。だって盗んだものを返すのは当たり前だと思いますよ。

副島　そうですね。私はプロウ・チャイナ（pro-China　親《しん》中）で、プロウ・ロシア（pro-Russia　親《しん》露）です。だから日本国内の言論業界やメディアからはまったく相手にされていない。それぐらいファー・ファー・エクストリーミスト（極・極・過激派）です。でもそれでいいんです。こうやって本を書いて出版してそれで生活している。私には一《いっ》定《てい》の読者が付いている、と出版社が言います。私の言論はフルフォードさんと同じで、商業出版物の枠《わく》の中に納まっている。メディア（マスゴミ）から相手にされていないことは構わない。

それでも今のチャイナ（習近平）とロシア（プーチン）の指導者はしっかりしている。人間的にもしっかりしている。能力も高い。これは好き嫌いではなくて冷静な客観判断です。だからいくらディープステイトの連中が、中国やロシアは独裁政治（ディクテーターシップ）だと言ったって。お前らだってディ、ー、プ、ス、テ、イ、ト、独裁じゃないかと私は反論しています。顔を見せないで、表《おもて》に出ないで、西側《ザ・ウエスト》の先進国を支配している。だから、台湾はどうせ中国が取り戻しますよ。その対価は100兆ドルだと言ったら、中国は払いませんよ。そうすると、トランプ・ディール（取引）としては3兆ドル（500兆円）ぐらいがちょうどいいんです。

◆人権思想と平等思想が崩壊寸前の西側

BF　今、西側《ザ・ウェスト》の軍の良心派の人間たちが言ってるのは、世界連邦を誕生させて、そのあと、自分たちに、法に従って、その世界連邦の命令の下での世界警察をやらせてくださいという打診をしています。

副島　だからね、フルフォードさん、私たち日本人はアジア人ですからね。フルフォードさんは自分はもう日本人だと言うけれど、あなた白人ですからね。そうするとね、西側、ヨーロッパと北米はだめなんですって。没落するんです。アメリカとヨーロッパが世界を動かし続けるのは、そろそろ終わります。アジア人はもう黙ってません。世界GDPの8割はもう欧米じゃないんですよ。

BF　よくわかってますよ。トランプが今回当選してから、数時間以内に、ドイツの政府も実質、崩壊しました。フランスも終わった。トルドーのカナダも終わる。イギリスも終わるはずです。

副島　その通りです。西洋白人中心の世界が終わりつつある。でもあなたたちにはホワイト・シュープレマシー（白人優越主義）がある、どうしても。それはもう仕方がない。私はそれを認めています。白人はまだまだアジア人よりも優秀な人が多い。

私は白人はホワイト・シュープレマシーでいいんだと言った日本人なんですよ。だから南米人《ラテン・アメリカン》やアラブ人（イスラム教徒）が、もうこれ以上白人世界に移住、移民すべきではない、と私は考えています。多文化主義《たぶんか》（マルチ・カルチュアリズム。移民で人種を混ぜろ）は、さらに多くの問題を引き起こすから、もうやめにすべきだ。白人は白人で本音で話してくれと。

私は、会えなかったんだけど、２回パット・ブキャナンに会いに行ってるんです。ワシントンＤＣのベセスダという高級住宅街のパット・ブキャナンの選挙キャンペーン事務所に行ったんです。このパット・ブキャナンは、メキシコとの国境線にバーブドワイヤー（鉄条網）を敷け、と最初に言った人です。１９７０年代のことです。その時私は、「あなたは正直者で正しい」と言いたくて会いに行った。本人には会えませんでした。見てください、このパット・ブキャナンの写真を。書斎でピッチフォーク持っている。これがブキャナンなんです。アメリカの百姓（農民）たちは、攻め上がってワシントンに巣食っている愚劣な政治家や腐敗官僚たちを自分のピッチフォーク（干し草用熊手《くまで》）で突き刺せ、ということです。だから私の家に今も尊敬するブキャナンのポスターを貼っ

America first！の思想の元祖
パット・ブキャナン

パット・ブキャナンの後継ぎがトランプの政策担当次席補佐官に指名されたスティーヴン・ミラー（40歳）だ。彼は第1期のトランプの優秀なスピーチライターだった。評論家のパット・ブキャナンもニクソン大統領のスピーチライターを務めた。

ています。彼は正直が何よりという人間です。だから本心を隠すな、もう本当のことを言えということです。だからアメリカは歴史上いろいろあっても白人国家なのだから、もうこれ以上移民が入ってくるなと。南からもどっちからも、アラブ人、イスラム教徒も。ただし入ってきて白人の言うことを聞く人たちは居てもいいと。それ以外は出ていけと。deportation（デポーテイション。出身地への強制送還）をすると。今回トランプは、1100万人の不法移民（イリーガル・マイグラント）をデポートすると宣言した。

BF もうすぐやるんですよ、絶対。

副島 やりますね。まず100万人を最初に。ファシストとか、人種差別主義者（レイシスト）と言われても構わない。もう、アメリカにとって極めて切実《せつじつ》な問題だから。

BF バイデン政権になってから2000万人ぐらいが不法にアメリカ国内に入っています。みんな5000ドルのキャッシュカードをもらって。結局カマラ・ハリスが今回の選挙で勝った州は、身分証明書を見せなくて投票できた州だけです。つまり、そういう不法に入ってきた外国人にも投票させてトランプ票を上回った州しか勝てなかった。

副島 そうでしたね。そこまでやったけど、それでもトランプに勝てなかった。

フルフォードさん、ここで私は言いたい。白人は、③人種差別をしないというのと、それから②人間は平等だというのと、それから①みんなに人権があると言うのだけど。もう嘘をつくのをやめてくれと私は言いたいのです。それは、フランス革命の百年前のイギリスのジョン・ロックの時に生まれた思想だ。それをかなぐり捨てて、白人の皆さん、本当のことを言ってくれというのが、アジア人である私の魂からの叫びなんですよ。

ジョン・ロックが「自然権」ナチュラル・ライツを言い出した。すべての人間にはナチュラル・ライツが有るんだと。動物でも獣でも鳥でも自分の巣があって、そこで奥さんと子供を養えるんだと。「況《いわん》や、人間をや」と言ったんです。どんな人でも3ヘクトール（3町歩《ちょうぶ》）ぐらいの土地があって、奥さん子供を養えるんだ。それは天《ヘヴン》が人間に与えたものだ。それをナチュラル・ライツ、自然権と言った。アメリカ憲法典はこのロックの思想でできている。トーマス・ジェファーソンが、このロックをほぼそのまま引き写して独立宣言を書いた（1776年7月14日）。そして、それから7年かけて戦争して、イギリス王国（ジョージ3世）から独立した（1783年）。

この自然権から派生したのがヒューマン・ライツ（人権）です。この人権を誰が言い出したかというと、ジョン・ロックよりも100年後のジャン＝ジャック・ルソーです。貧しい人もみんな貴族と平等なんだと。奴隷に生まれようが、小作人に生まれようが、王様と一緒だとルソーが言った。この過激思想が平等思想です。人権思想と平等思想。

そして3つ目が差別しない思想というのがあって。人種差別をしないと。女を差別しないと。貧乏人を差別しないという思想が3つ目。

そして4つ目がデーモス・クラティーアですよ。デーモス（民衆）という貧乏人に、1人1票を与えて、多数の票を取ったレプレゼンタティヴ（代表者）に権力（パウア）を握らせる、という制度思想です。王様とか将軍様とか大貴族による支配を廃止しろと。これが4つ目。この4つが今ガタガタに揺れてきて、ヨーロッパ、アメリカ、白人たちが本気で悩み苦しんでいる。このことを、アジア人で、中国人の一種（a《ア》 kind《カインド》 of《オブ》 Chinese《チャイニーズ》）である日本人の私が理解したんですよ。

BF　私が思うにこういうことが言えると思う。人種について。例えば日本人の平均の

①人権思想、②平等思想、③差別しない、④デーモス・クラティーア（民主政体《デモクラシー》、✖民主主義）、のこの４つの近代の西欧思想が今、ガタガタと壊れかけてきている（副島）

ジョン・ロック
（1632－1704）

ジャン＝ジャック・ルソー
（1712－1778）

この２人の偉大なるヨーロッパの啓蒙思想家 enlightened thinkers《エンライトンド スィンカーズ》の根本思想が、ガラガラと欧米で崩れ落ち始めた。私たち日本人もこの激震を自覚して対応しなければならない。

身長、例えば170センチであると言えるけれども。でも身長190センチの日本人に会った時、それを認めなきゃならない。

副島　特殊例外を認めるの話はいいです。やめてください。

BF　私が言いたいのは、1つの人種について一般的なことも言えるけれど、その例外も認めないといけないということ。

副島　例外は当然たくさんあります。でも、アジア人はね……日本人もアジア人の一種ですから。

BF　でも欧米人は、アジア人のことを頭がいいと思ってますよ。

副島　今はね。

BF　いや、昔からそういうイメージがあるんですよ。

副島　ほんとかな。ズルい奴らだ、と思っていたんじゃないの。頭のいい人はまだ白人にたくさんいます。白人、白人と何でも決めつけたら大雑把すぎるから、いけないんだけど。例えばさっきのパット・ブキャナンの跡継ぎが今度、大統領次席《じせき》補佐官（Deputy《デピューティ》 Chief《チーフ》 of《オブ》 Staff《スタッフ》）になったスティーブン・ミラーです。彼は前のトランプ政権のときのトランプのスピーチライターでした。「トランプ政権は民衆革命を本当にやるんだ」と激しい演説原稿をたくさん書きました。トランプは気に入ってそれらで演説した。パット・ブキャナンもニクソンのスピーチライターでした。スティーブン・ミラーは、このあともっと正直になって、もう我々は差別をするんだ、国境問題でも移民をもう入れない、と決めたんです。ミラーは思想家《スィンカー》レベルですよ。ただのインテレクチュアル（知識人）じゃない。

このミラーが大統領次席補佐官になりました。大統領首席補佐官（Chief《チーフ》 of《オブ》 Staff《スタッフ》）は、スーザン・ワイルズというオバちゃんです。トランプはこのスーザン（スージー）の言うことは、「ほう、そうか。それならそう言うよ」と彼女に従います。独裁者には、そういう何でも言う肝《きも》っ玉《たま》母さんが横にいないとダメです。男たちだとすぐに怒鳴られますから。

私はこのスティーブ・ミラーがパット・ブキャナンの跡継ぎなんだと書いています。もうはっきり分かるんだ。彼はまだ40歳です。

ですから、人権（ヒューマンライツ）と、次はフェアネス（公平）というか、エガリタニアリズム（平等）。それから3つ目が、人種差別（racial《レイシャル》 discrimination《ディスクリミネイション》）をしないという理論。４つ目がデーモス・クラティーア。これがデモクラシー（民主政体）です。この政治体制が本当に欧米で成立しているのかどうかという問題です。実際にはディープステイト独裁《ディクテイターシップ》ですから。ディープステイトというのは、「隠れた大富豪たちの連合体」です。そしてヨーロッパには今でも王様（国王）がいる国がたくさんある。何がデモクラシーだ。このことを少しは変だ、おかしいと思わないのか。ベンジャミンさんのカナダも、オーストラリアも英国王の統治下にある国です。

BF　でもアメリカはデモクラシーじゃないですよ。アメリカはリパブリック。何が違うかというと、ご存じだと思いますが、リパブリック（共和政体）というのは自分を代表する人を選ぶ制度なわけで。選ばれた人が勝手に代表する。デモクラシーのほうは、本来自分が直接決める。私は今まで一度も選挙に投票しに行ったことがありません。なぜかというと、他の人間に私の権限を譲りたくないからです。自分のことは自分で弁護します。だからアメリカはデモクラシーではない、昔から。リパブリックだから。

副島　リパブリック（republic 共和政体）というのは、「王国、君主のいない国」です。

そしてデモス（貧乏人大衆）の代表者による政治（クラシー）は無理で、市民《シチズン》（金持ち）階級の投票で代表者（権力者、大《だい》商人とか）が選ばれる政治体制です。だからアメリカ合衆国にはこの共和党《リパブリカン》（金持ちの党）と民主党（貧乏人の党）の2つが2大政党制としてある。これが今、ポピュリストのトランプのせいで、貧乏白人たちが大量にトランプ共和党に投票しました。

私はアメリカの政治の歴史をずっと勉強している。この自分の本（『トランプ勢力の徹底抗戦でアメリカの国家分裂は進む』）が出た後にアメリカの人から注意されたんだけど、163頁に出て来る「コンフェデレーション（Confederation）」は間違っていると、南北戦争のときの南部連邦は「コンフェデレーション」とは言わない。正確にはコンフェデラシー（Confederacy）と言うんだと。コンフェデレーションは、第4代大統領のジェイムズ・マディソンが、同じフェデラリストだったのに逆らった。あんまりユナイテッド・ステイト（連合した州）を作るなと言ったと。だからコンフェデラシーという。こういうことは、あまりにも微小な言葉の違いだ。こういう細かいことを言われると、本当に困る。

◆アメリカ軍は世界連邦の用心棒になりたがっている

ＢＦ　結局、トランプが唯一まだ持っているカードは、宇宙軍（スペース・フォース）の技術なんです。トランプはそれを交渉のカードにして、新しい世界の枠組みを作る。

副島　一番最先端はスターリンクですね。イーロン・マスクのスターリンクが宇宙軍と協力してディープステイト側の軍事衛星の通信機能（トランスポンダー）を破壊した。これで不正選挙をするための通信ソフトであるドミニオンが作動しなかった。このフルフォードさんの情報は本当だと思う。米宇宙軍のハッカー部隊が、スターリンクの８０００個ある通信衛星群が3角形を作って、一斉に敵の衛星にDos《ドス》 V《ヴィ》 attack《アタック》を丸２日間（11月3日かららしい）かけ続けて、ついに通信機能を停止させた。それで宇宙通信技術で票の移し替えをする選挙不正を見事《みごと》に阻止しました。これはもの凄いことです。

　日本ではInter Bee（インター・ビー）という宇宙通信技術の開発をする大手電機メーカーの先端技術者たちの会議から、この噂が漏れ出た。Inter Beeは、１９８０年代に三菱商事がやっていたSuper-Bird（スーパーバード）という宇宙通信衛星を使った、核兵器の弾頭（ウォーヘッド）を打ち落とす技術の開発で実験していた。Super-Birdはアメリカの圧力で潰されました。

BF　あのね、副島さんがご存じか分からないけど、中国は今、F35戦闘機を作っています。それはアメリカが中国に技術を売ったんですよ。アメリカにとってF35はもう時代遅れの戦闘機だからです。まだまだそういう技術があるから、それらを対《たい》中国の交渉カードとして使おうと考えている。アメリカ軍の人たちのイメージは、『スタートレック』という例のテレビドラマのシリーズです。世界連邦がもうあって。それで地球人が宇宙探検をするときに、自分たちは地球人を守る軍になりたいというのが、彼らの願望なのです。

副島　そうですね。あの1960年代のテレビドラマ・シリーズの『スタートレック』が宇宙時代（1957年から）の先駆者なんですね。映画『スター・ウォーズ』も〝トレッカー〟たちが作った。日本の『宇宙戦艦ヤマト』（1974年放送）もそうですね。スタートレックの真似というか、大きな影響を受けている。今の子供たちでもそうでしょうねえ。ヤマトの波動砲を Hado, Hado「ハドー、ハドー」とアメリカの少年たちが言い合っているのを私は目撃しました。でも、世界連邦というのは50年、100年先の話であって、もう私が死んだ後だから、とりあえず今の話をしましょう。

BF いや、今から10年以内に起きることです。これまでになかったスピードでどんどんいろいろなことが変わっていきます。

副島 では、フルフォードさん、どう思いますか。トランプは、大統領時代もずっと「加盟国がカネを出さないのならアメリカはNATOから脱退する。米軍をヨーロッパから撤収（ウィズドロー）する」と言い続けていました。ロバート・ケネディJrは、トランプ陣営に合流する前の4月15日に、NATOから出ると言いました。それから「世界中にある800個の米軍基地をただちに閉鎖してアメリカ軍をすべて領土内に戻す」とも。できると思いますか？

BF できない。なぜかというと、アメリカ軍の人たちにも言われたんですけども、ソ連が崩壊した時、ソ連の軍の幹部はロンドンでタクシーの運転手に没落した。自分たちはタクシー運転手に身を落とすぐらいだったら、戦争やりますよ、と言っていました。

彼らは今そのカードを使ってるわけ。だから、自分たちは世界の用心棒として残りたいと言っているんです。

副島 確かに今度の国防長官とかＣＩＡ長官なんかも、中国やイランと戦う路線で、もうそっちの方向に舵を切っているようにも見えます。

コスト・カッターのイーロン・マスクは、空軍と宇宙軍さえあれば、戦略防衛網は守れる。あとは、海軍の核兵器を発射するポラリス型原潜《げんせん》があればいい。陸軍はいらない。州兵（ナショナル・ガード）だけにすればいい、と考えているようです。

ＢＦ いやいやそれは交渉のカードにすぎない。

副島 そうです。トランプ側からの軍への交渉のカードです。

ＢＦ 軍が倒産するんだったら戦争するから、それ以外の回答寄こせと言っている。

副島 フルフォードさんはそれに賛成なんですか。軍人労働組合の考えに。

ＢＦ いや、私はただジャーナリストとして、その人たちの言い分を右から左へ伝えているにすぎません。私の意見としては、戦争をするための軍隊ではなく、地球を守る防衛隊みたいなものに変えることができると思う。弁財天の白龍の神話みたいに、恐ろしい者を、子供や弱い人たちを守る者に変えることができればそれが一番いい。ただもう1つ言えるのは、これは私がアジアの結社にアドバイスしたことですが、飢えている狼と戦うよりも、番犬に餌をやったほうが安く上がるよというアドバイスをしました。

副島　いつまでも肥大化する軍隊に餌をあげ続けられるか。ありません、そんな国は。

BF　いずれ今までの地球の運営が下手くそすぎて、とくに欧米がだめで。

副島　欧米白人は没落してくれればいいんです。

BF　だからそれには私は大賛成です。

10月22日にBRICSの待望の首脳会談で、とうとうBRICSペイという新しいシステムが発表されました。ドルに代わる新しい世界通貨の、このBRICS通貨には159か国が参加しています。もう欧米の覇権は終わりです。

副島　しかしトランプは、米ドルに挑戦する者たちをアメリカは許さない、という態度です。それでも、どうせ中国がワールド・ヘジェモニック（世界覇権国）になります。

BF　私の個人の事例で言いますが、私はフォーブスにいた時、アジア太平洋支局長で、年間のノルマは18本の記事を書くだけでした。それで給料は高くて、立派な身分で、自分で言うのもおかしいけど、はっきり言って人間として腐っていました。自分の能力の2割も使っていなかった。

それがフォーブスを辞めて、フリーになると、とにかく書かないと飯を食えない状況になって、今は年間100本以上の記事を書き、何冊もの本を書いていて、それでもものすごく元気にもなったわけ。それと同じで、欧米社会も1回同じような禁断症状を体験しないといけないと思います。

そうでないと勤勉さを忘れてしまう。世界から貢いでもらったもので毎日テレビやスマホを見て、動かないで食べてばかりで、私も人のこと言えない体形だけど、そんなふうに肥満体で堕落しちゃっているから、一旦禁断症状にさせて冷や飯を食わせないとだめだって言ってるんですよ。それが彼らのためになるって。

副島　それでいいです。私も食べ過ぎで人の体形のことは言えませんが、ヨーロッパ諸国なんてすでにもう、ただの観光地ですよ。歴史のある美しい観光地だ。500年前からの立派な大聖堂《カテドラル》とかきれいな街並みがあって、お城があって、今はだいたい美術館や博物館になっていますが。

BF　まあそうですね。

◆ウクライナは停戦、イスラエルは新たな国に生まれ変わる

BF　それで今、例えばロシアがこの間、33か国のアフリカの諸国と軍事同盟を結びました。そうすると西側がそれらの国から資源をもう盗めなくなった。とくにフランスが痛い目に遭いました。今までその植民地から貢《みつ》いでもらっていた天然資源でみんな遊んで暮らしていたようなものだから。それができなくなると、じゃ仕方ない、もう1回働くことを覚えるんですよ。

副島　そうですよ。移民を入れないと決めたら、自分たちで働くしかない、白人が。

BF　だから1回倒産宣言して、厳しい思いをしろということ。だから私は、アジア側にも言っているのです。あの人たちにお金をやったら、麻薬中毒者に薬を買うお金をやるのと同じだから、そんなことはしないで、1回禁断症状にさせなさいって。

副島　1回どころではなくて、500年単位のサイクルで、西洋社会は今度は落ちこぼ

れそうです。

BF だから1回落ちこぼれないと元気を取り戻せないんだよ。

副島 アメリカは分裂したほうがいいと私は望んでいます。そうしたら世界覇権国（世界帝国）でなくなるから。

BF いやアメリカはカナダと合体する。ユナイテッドステイツ・オブ・ノースアメリカが誕生する。

副島 いや（笑）。だから、アメリカとカナダには、アメリカ独立戦争以来の対立と分裂がありますから。カナダという国は、アメリカ独立戦争に反対の人々が、北に移って作った国です。だから今でもカナダのどこの町の公民館にもイギリス国王の写真が飾ってある。

BF なるなる。見てて。

副島 今でもイギリス国王に忠誠を誓っているのがカナダですからね。アメリカ国民はカナダ人を裏切者、と言って見下《くだ》しますよね。

BF 今は大丈夫。昔と違う。隣同士で同じ言葉で、ずっと一緒にやりとりしてきたから。

副島　核兵器の防衛網を一緒にやっています。はっきりしていることは、カナダ・ドルとオーストラリア・ドルは暴落しません。なぜなら資源があるから。天然資源によって自分の国の通貨（カレンシー）の信用を担保《たんぽ》、裏打ちしています。ところが、あまりにドル札《さつ》と米国債を発行し過ぎたアメリカのドルは、デシマル・ポイント decimal point 十進法《じっしんほう》で、その価値《ヴァリュー》の表示が今の10分の1になると私は思っています。

BF　いや、私はならないと思う。なぜかというと、今の国外のアメリカ・ドルはアメリカ・ドルじゃないんですよ。あれは中国ドル。だから中国が管理してるんですよ。

副島　何でその信用をバックアップするか。

BF　今そういう交渉を実際にやっている最中なのです。

副島　だから中国とはトランプはディールをやるんでしょう。

BF　やるやる。

副島　それで、私はプーチンとは、ディールにならないと思う。

BF　プーチンともディールをするに決まってますよ。お教えしましょうか。結局、ヨーロッパの防衛担当はロシアになります。それで今のクリミア半島とロシア人のドニエプル川のこっち側はロシアで、オデッサもロシアに戻る。ただしオデッサは香港みたいな自由貿易の港になります。

副島 それで戦争が終わって中立国になったウクライナは黒海《ブラックシー》を通って自由に地中海に出れる。

BF そう。ウクライナが問題なく資源を輸出入できるように、自由貿易の港になります。

副島 まずシース・ファイア（停戦。撃ち方やめ）するでしょう。そしてピース・トークス（和平《わへい》交渉）をやって、ピース・トリーティ（平和条約）を結ぶ。

BF そう。

それからあとイスラエルもなくなります。その代わりにユダヤ（ジュダヤ）という名前の国に生まれ変わります。

副島 フルフォードさんはネタニヤフ首相のリクード党が嫌いなの？

BF 私が嫌いなのは、チャバード。チャバード・ルバヴィッツ。悪魔崇拝のカルトで、彼らが何を言っているかというと、一言でいえば、人間の9割を殺して、残りを家畜にするということ。そしてユダヤ人1人につき2800人の奴隷がつく世界を目指している。

副島　それは今のネタニヤフのリクード党のかたちで表れている、でいいですか。

BF　そうそう、あれは大嫌い。だからずっと戦っている。あの人たちも私を殺そうとしたんですよ。

副島　私がイスラエルの歴史を勉強して、ようやく分かったのは、リクード党が創立者のメナヘム・ベギン（首相在任1977-1983年）以来、ずっと凶暴だった。今のネタニヤフにまでつながっている。それに対して、創始者のイスラエル労働党（労働《レイバー》シオニスト）のベングリオンたちは穏やかだ。「パレスチナ人とも仲良くやってゆく」と考えていた。元が労働を重視する社会主義者たちだから。ところが、ベギンたち右翼は、1993年の「オスロ合意」（和平《わへい》協定）を結んだ労働党のイハック・ラビン首相を暗殺しました。

私はようやくベングリオンたちの苦労が分かるようになりました。ベングリオンのあとを継いだゴルダ・メイア（第5代首相）は、ベングリオンより12歳下の愛人で弟子です。彼ら帰還ユダヤ人《アシュケナージ・ジューズ》の苦しみが分かります。

BF　でも、ベングリオンがケネディ暗殺の命令を出したんです。当時のチェイニーCIA長官の言い分では。

副島　まあそれはね。建国（1948年5月）のあともベングリオンはイスラエル国が生きるために必死だったから。

BF　とにかくアメリカもイスラエルも国としてなくなると聞いています。そうなれば、世界の悪夢が終わる。だって世界の戦争とかテロとか、問題の原因はすべてアメリカとイスラエルに行き着いちゃうんですから。

◆トランプの裏はハリマン一族

副島　フルフォードさん、私たちもあと10年で死ぬんだよ、どうせ。

BF　僕は180歳まで生きるつもり。でもこれからの10年で、今までの歴史になかったことが次々に起きると私、断言します。

副島 それはね、フルフォードさんが明るい人柄だから。それはそうなると私も思いますが、私はあと10年で死にますから、その間《あいだ》の近《きん》未来の予測しかしません。

BF 近《きん》未来予測では、トランプが国家破産を発表する。

副島 破産したら自殺しなきゃいけないんですよ、経営者は、本当なら。周《まわ》りに大きな迷惑をかけるから。

BF それはしないで、新しい経営の下《もと》での再出発。会社もそうですが。工場は残る、建物も残る、人間も残る。だけど、経営が変わるだけ。

副島 それは、会社再生法の方式ですね。アメリカの商事法のチャプター11《イレブン》の適用と同じだ。前の経営者がそのまま残る。負債（借金）だけを整理してもらえるから、借金の踏み倒しと同じなんですけどね。

BF ロックフェラー家がみんな追い払われて、新しい経営者が入ると思う。

副島 ロックフェラー家にはもう力がないですよ。

BF 今はね。でもオバマ政権の高官たちはみんな、外交問題評議会（ＣＦＲ）のメンバーだった。つまりやっぱりロックフェラーだった。そのロックフェラーが今度こそ完全失脚するんです。

副島　あ、そうか。これから中国を豊かにすると、1980年（毛沢東の1977年の死のあと）に決めて猛然と中国に資金を投入して人材育成した（キッシンジャー・アソシエイツで200万人の中国人留学生を受け入れた）のは、ヘンリー・キッシンジャーとデイヴィッド・ロックフェラー（2017年に101歳で死）でした。私は2006年に、『次の超大国は中国だとロックフェラーが決めた』（ヴィクター・ソーン著、徳間書店刊）を翻訳して出版しましたからよく知っています。原著名は"New World Order Revisited《リヴィジテッド》"だったのを、私がガツンと前掲の書名に変えました。そうしたらこの本はよく売れました。確かに、ロックフェラーが今の強大な中国を作りました。今頃になって自分で言うのも何ですが。キッシンジャーは昨年2023年10月に100歳で死にました。

そう言えば、2016年の5月に、「おいちょっとドナルド、家に来てくれ」とトランプに声をかけて、ニューヨークのアッパーイーストの自宅にキッシンジャーがトランプを呼んだ。それで、同年11月の大統領選挙でヒラリーが負けてトランプが勝った。私はこのことを根拠にして、「トランプが勝つ」という予言の本を書いて出版して、当てました（『トランプ大統領とアメリカの真実』日本文芸社、2016年6月刊）。ディープステイトの一角であるはずのロックフェラーとキッシンジャー自身がトランプに、「お前が大統領になれ」と言った。

BF　でもキッシンジャーはもう死んだし、ロックフェラーも死んだ。

副島　そうです。だからロックフェラー財閥は終わったんですよ。

BF　結局ね、裏のことで言うと、トランプの裏はハリマン一族ですよ。米連銀《れんぎん》の中のハリマン派。それでオバマとかバイデンの裏はロックフェラー。そういう対立と言えます。

副島　ハリマン一族は、確かにコネチカット州のブッシュ一族を食べさせた財閥ですからね。ドイツの巨大企業で軍事会社のIG《イーゲー》ファルベンとね。祖父のプレスコット・ブッシュ（1895-1972）がロックフェラー1世の軍門に下ってテキサス州のヒューストンにやって来て、石油ビジネスを始めた。

BF　それでブッシュは、結局死刑になったんですよ、パパブッシュ。なぜかというと、

トランプの裏にいるのはハリマン一族である。一方、オバマやバイデンの裏にいるのはロックフェラーだ（フルフォード）

エドワード・ヘンリー・ハリマン
（1848－1909）
鉄道王

W・アヴェレル・ハリマン
（1891－1986）
外交官・銀行家・実業家。商務長官、ニューヨーク市長などを歴任

いろいろな軍事機密を中国に渡したから。それで、そのグループが今トランプにかたまって、再出発しようとしてるわけ。

副島　そう言えば、そうです。トランプを強固に支えている巨大財閥がいるはずです。それがハリマン財閥だという、フルフォードさんの説を私は尊重します。確証はないですが。ハリマン財閥が今、ディープステイトの中のどこに存在しているのか。私が選挙戦の最終段階で知ったのは、カマラ・ハリスが電話した10月12、13日頃。「私が大統領になっても、あなたを逮捕しません」と、カマラがトランプに電話した。そうしたら、トランプは、It's gracious, Kamala. と、自分のSNSのトルース・ソウシアル Truth Social でトゥイートした。それをアメリカの知識人たちが読んで、ピンと来て、これはカマラが、自分が大統領になった時に、トランプを殺したくないから、そう言った。それに対して、トランプが「どうもありがとう」と言った。このことの裏側に、ルパート・マードックがいると私は推理した。ＦＯＸ社のオウナーで、世界のスポーツのテレビ放映権を握っているマードックがお金をいっぱいカマラに出していた。それでトランプを殺すな。引退させろ、という話が一時期広がったんです。それで、私もそれは真実だと思う。

トランプ自身が、巨大な不正選挙（rigged《リッグド》 election《エレクション》）がまた行われると、前の前の日まで演説で言ってましたからね、ペンシルヴェニア州で。だから私はそれは本当だと思う。

◆儀式の主催者はジョージ・ソロスとルパート・マードック

副島　その後でわかったのは、例のコンスピラシー・セオリストのアレックス・ジョーンズの理論《セオリー》に従えば、ニューヨークの北のウエストチェスター郡のポカンティコ・ヒルズにある、デイヴィッド・ロックフェラーのお屋敷（大邸宅）でやっていた、あの悪魔崇拝の儀式《サタニック・リチュアル》の主催者が、どうもルパート・マードックだったらしい。その前はジョージ・ソロスでした。
BF　だから結局、上はみんなそういうグルだから。
副島　そうなんでしょうね。そしてルパード・マードック（93歳）が、「トランプよ、イーロン・マスクにFOXを売ると伝えてくれ」と、当選直後にトランプに電話して言った。それが19ページに載せた、マール・ア・ラーゴで真剣に話し込む2人の様子です。イーロンが公開した。イーロンのスターリンクはものすごく値段が安いんだそうです。かつ技術は最高級だ。このサービスを使わないと、これからの衛星通信、世界テレビ放送ができない。だからマードックがトランプを通して……

BF　本当の世界通信は海底ケーブルですけどね。

副島　その海底ケーブルのほうも作ってるんですって、イーロンが。何でもやってるんだ。

BF　8割が海底ケーブル。

副島　そうです。宇宙電波と海底ケーブルの両方でやる。中国もガンガンやっています。アフリカや南米、南太平洋（オセアニア）の一帯にまで海底ケーブルを敷いている。アフリカ、南米までも。そうすると海底ケーブルと宇宙電波の両方でスターリンクがものすごく強いんですって。軍事衛星さえもスターリンクだ。ウクライナ軍がこれに頼ってロシアにミサイル攻撃をしていることが証明されてしまった。だからFOXをイーロンに売るとルパート・マードックが言ったという話は本当だと私は思う。

アレックス・ジョーンズの理論に従うと、ニューヨークの北のウェストチェスター郡ポカンティコ・ヒルズにあるロックフェラーのお屋敷での秘密の儀式の主催者はこの2人だ

ルパート・マードック
(1931－　)
メディア王

ジョージ・ソロス
(1930－　)
生きていることになっているが、
実はもう死んでいる

BF ありえると思いますよ。

副島 それで、だから2人で話し込んでいたわけですよ。もう1つは、もちろん、「イーロンよ、お前のスターリンクは本当にドミニオンを破壊したなあ。よくやった」とトランプが褒《ほ》めたでしょう。

BF それでなんでFOXを売るかというと、既存メディアの価値が今ゼロなのよ。要はたくさんのトラックで新聞を運ぶとか、大きいテレビ局を持つとか、衛星を持つとか、そういうのはすべて必要なくなった。携帯を持てば誰でも通信できるようになったから。だから早く投げ売りしないと、価値がゼロになるのは目に見えてるわけ。

副島 93歳です。もういい歳ですからね、ルパード・マードックも。「ドナルド、俺ももうすぐ死ぬけど、FOXを売るから助けてくれ。君に逆らった連中をもう逮捕しないでくれ」と頼んだと思いますよ。これは取引だと思います。トランプにとっては政府（政権）を支持するFOXトランプ放送局ができる。

それから、スターリンクを開発したスペースXを、NASAの職員3000人ぐらいを引き受けて作ったのですが。イーロン・マスクは、今度は、NASAそのものも、自分が買うでしょう。NASAのトップの所長《ディレクター》のビル・ネルソンが、そうなってもいい、と言ったようです（次期NASA所長には12月4日、ジャレッド・アイザックマンが指名された。この男はマスクの仲間の富豪の元宇宙飛行士。41歳）。NASAのような金喰《かねく》い虫の国家予算の垂れ流しの特殊法人なんか、さっさと民間に払い下げればいいのです。

それにしてもNASAがやるやると言っている、あの月面に人類（人間）をもう一度送るという計画（アルテミス計画）はどうするんだろう。再々延期らしい（笑）。

BF　もちろん。だからその生《い》け贄《にえ》の儀式に参加した人たちが、死刑だけは免れたいと言っている。このままだと自分の大企業も倒産します、ということですね。

副島　ディープステイト側がトランプに詫《わ》びを入れて来て、「お前を殺そうとして済まない。私たちに復讐（vendetta ヴェンデッタ）をしないでくれ」と言っているんですね。今そのディールをやっている最中だ。こういう話は表面には出ないと思う。

BF　それらを真実究明委員会で公開するかどうかは、これからの議論。大切なことはあのカルトの人たちをどうするか。100万人を処刑するのか、それとも何らかの浄化の方法を採用するのか。これからの議論になると思います。

副島　私はできないと思う。どうせやらないと思う。トランプでも出来ない。なぜならオンボロアメリカ帝国株式会社の社長に復帰した――やめとけばよかったのに――のだから、抱えている大借金《だい》をどうするか、でトランプは死ぬほど苦労するに決まっている。これまでのディープステイトの悪事《あくじ》を追及する、も「それぞれの長官に任せた。好きなようにやれ」以上のことはしないでしょう。でも、業績（成果《エフェクト》）が上がらない者は、これまで通り、トランプは〝You are fired !〟「ユー・アー・ファイアード！」で首にするでしょう。

BF　それもこれから決まるけれど。

副島　だから日本のコンスピラシー・セオリストのほとんど代表に近い私たちが、フルフォードさんと私がね。いや、もう、そいつらまでは捕まえられないよ、裁判にかけられないと一致できるかどうか。なぜなら、世界政治というものは長い年月では真実が表面に出てきてますからね。私たちが評価、判断して出す。

BF　今すでにアメリカの芸能界で浄化が始まってます。先ほども言ったパフ・ダディ（P・ディディ）の話もある。

副島　私も自分の本用に、悪魔崇拝の儀式に参加したハリウッドの俳優たちの一覧表を作っています。こいつらみんな、自分はカマラ・ハリス支持者だ、と必ず言わされるんですね。俳優なんて名前ばっかりの連中ですからね。世界規模の共同幻想（mass illusion マス・イルージョン）の産物にすぎない。みんな悪魔の儀式《リチュアル》やお祭り《フィースト》に出ている。ジョージ・クルーニーとか、ショーン・ペンとかトム・ハンクスとかオプラ・ウィンフリーとか、他にもいっぱいいる。まさしく、フルフォードさんが言う、「みんな弱みを握られて脅迫されている」理論のとおりですね。俳優、女優たちなんて、自分の体だけで這《は》い上がった貧乏人たちですから。

BF　だから彼らセレブを裁いて、トカゲのしっぽ切りをして、本当の権力者を見逃すんじゃないかという恐れはあります。

副島　ジョージ・クルーニーもトランプが当選したらもう謝っちゃったからね。捕まえないでください、と。頂天はアル・パチーノ（84歳）とロバート・デニーロ（81歳）だ。一番年上で。2人で並んで出て来た。カマラ支援で。イヤだったんでしょうけどね。自分の業界から脅されているから。

80歳前後で赤ちゃん作っちゃって。本当に自分の赤ちゃんかどうか調べたっていうんだから、公然と。デニーロは。精子バンクに預けてあるのかな。『ゴッドファーザー』で有名なアル・パチーノ。この2人が看板でしょう。女優ならメリル・ストリープ（75歳）。彼女だって、2018年のハーヴェイ・ワインスタイン事件で名前が出ていましたから。『アポロ13号』のトム・ハンクスなんか非常に怪しいとずっと言われていた。もう分かってるんですよ、キム・カーダシアンまでね。もうどうしようもないバカ女で。私の手元にもあるディープステイト芸能人一覧表に名前がある連中が、命乞いを始めているはずです。もう逃げるしかないけど。逃げたら商売、仕事にならない。それでも、マドンナとレイディ・ガガは逃げられないだろう。そしてハリウッド7大スタジオをどうするか。

今度、国家情報長官になったトルシー・ギャバードが表面に出てきている。彼らが、ペドフィリアのペドファイルたちの裁判までやるかどうか、と言えば、私はやらないと思う。ここらでもうやめとけ、と言う気がします。

BF　一部はやられますよ。芸能人関係。

副島　そうですね。それが40人なのか400人なのかを見ていたい。裁判にかけられて、一番上10人ぐらいを殺人罪で死刑にする、というのをやるかどうか。

BF　芸能界は粛清されるが、政界は残るということもあり得ると思う。一般市民の怒りを収めさせるために、見せしめ的に、一番目立つハリウッドだけを標的にする。

副島　彼らのエクスキューズ（言い訳《わけ》）は、自分たちは7大スタジオにご飯を食べさせてもらって有名になっただけです。確かに儀式には行きましたが、儀式の主催者側ではありません、と弁明するでしょう。

BF　それは言うでしょう。

副島　それで許してもらえるかどうか。そして、一番の儀式の主催者たちをどうするか問題はやっぱり残りますね。

第3章

帝国―属国理論か、陰陽思想による平和の実現か

◆日本人の興味関心はトリビアリズム

副島　私の感じでは、ジャグ（JAG、軍事法廷裁判官）の将軍《ジェネラル》たちは、もともと貧乏な家の人たちが多くて、軍隊に入って、でも優秀だから、1回除隊してプリンストン大やハーヴァード大に入って、奨学金でロースクールで弁護士の資格を取って、もう1回軍隊に戻って、立派な人格者として軍隊全体の、MP《エムピー》（ミリタリー・ポリス。憲兵隊）の上の軍事裁判官になった人たちでしょう。この人たちがQ《キュー》アノン QAnon で、匿名《とくめい》で真実をネットでアメリカ国民に伝え続けた（インテル・ドロップと言う）。この人たちが今回のトランプ勝利のためにも動いたというのはよく分かる。ただ、いま言った通り、この人たちは貧乏な家の出なんですよ。貧乏な家の子たちで正義感と愛国心のある人たちだ。そうでなきゃ、軍隊なんか行かない。

その関連で伺いたいのは、フルフォードさんは外交官の息子で、裕福な家のエリートの子だけど、高校時代にアマゾンに行ったりして、ものすごくヒッピーになって、普通の人じゃない。

BF 私は、アマゾンに行って、呪術師の弟子になろうとしたのです。アマゾン河の上流のペルーの北のウカヤリ川のシピボ族のところです。呪術師とは言っても、彼らはアヤワスカという植物を使って結構高度な医療を持っている人たちなんですよ。シピポ族自体は、もともと人食い人種と言われていて、恐れられていましたけれど。

副島 当時は、アマゾンへ行くのは、ヒマラヤのネパールのカトマンズに行くのと同じことだったんですか。ヒッピーたちの聖地《メッカ》として。

BF いや、当時は私の他は誰もいなかったですね。アマゾンに行く人は。あの当時、アヤワスカという言葉はまだ誰も知らなかった。

私がどうしてアマゾンのジャングルへ行ったかというと、魚は水面から跳ねて1回水の外に出てみないと、自分が普段生きている水のことを知りません。それと同じで、人間も文明を知るためには、1回文明を出ないといけないと考えたからです。

副島 その時、何歳ですか。

BF 17歳でした。

副島　高校は出てたんですか。

ＢＦ　高校を出てすぐに行きました。最初、ジャングルに入ったらびっくりしましたね。道がなくなるところまでヒッチハイクで行って、そこに面白い基地があったんですよ。基地というか、アメリカの中流階級の人の家があって、この人たちが何してるかというと、無数にある原住民部族の言語に、ひとつひとつ聖書を翻訳しているんです。最初は原住民から矢を飛ばされたりして、まったく相手にされない。だけど、小型飛行機を使って、彼らの村の上に物資を投下したりする。投下する荷物の中に、鍋とか鏡とか、文明の利器も入れるけど、マイクも忍ばせておいて、それで彼らの言語を盗み聞きして、言葉を覚えて、それから姿を現して交渉したりする。そのための基地。

副島　へー、すごいですね。

ＢＦ　それもこれもすべてキリスト教に改宗させるため、宣教（プロパガンダ）のためです。でも原住民のネイティヴ・アメリカンの側から見ると、この白人たちは、自分たちを奴隷にするために、自分たちを洗脳するために来てるんだ。このジャングルを壊しに来てるんだと思うわけです。

副島　そりゃそうだ。原住民のほうが正しい。

BF　これは結局、我々も大昔に経験させられたことなんです。つまり、ピラミッドの目がすべてを見ているぞ。この1つの考え方以外はみんな禁止だぞと脅されて、これが文明だと教えられたわけだけど、その「文明」の外から見たら、文明こそが地球を破壊しているんじゃないかと分かるわけ。だから、私は17歳のこの時、いまだにこういう宣教みたいなことをやっている人たちを恐ろしいと思いました。これを止めるのはアジアしかないと思って、それでアジアに飛んだんですよ。

副島　でもお父さんが日本にいたからでしょう、東京に。一等書記官のお父さんがいたから。

BF　違いますよ。私の父は日本には来ていません。私は何の伝手《つて》もないけど、東京に来て、上智大学に入りました。

副島　日本語はどうやって覚えたんですか。

BF　来る前から勉強してたけど、日本に来てからは、最初高円寺の赤提灯で夜の9時から朝の5時までバイトして、日本人が普通に話している日本語を覚えました。

その後、結婚して子供ができて、離婚して、シングルファーザーになって、でも今では孫も2人います。娘はカナダに行って、そこで結婚しました。私は日本に暮らすようになって47年になります。

副島　フルフォードさん、もうちょっと分かってもらいたいのは、日本人というのはトリビアリズムなんですよ。文明（シヴィライゼイション）が無くてね。なぜなら、日本は、中国の東アジア文明（歴代王朝）の、その一部で東の端《はし》の、カルチュア（文化）だけの国です。だから、日本人は細かいことにものすごくこだわります。繊細《せんさい》と言えば繊細です。ただの黒地《くろじ》の着物でも黒だけで40種類ぐらい有るようです。細かいことに関心があって、だからトリビアリズム（些末《さまつ》主義）なんです。だから大きいことが分からない。大きく大きく分かろうとする能力が劣ります。私はここで自分の能力を研《みが》きました。

私だって自分の秘密をかなり書いてきました。私は高校時代に教師たちと掴《つか》み合いをして退学ですからね。中学生時代から知識人でポリティカル・アクティビスト（政治活動家）です。中国の毛沢東が世界全体の中でどのように扱われ、考えられていたか、を知っていました（1966年、13歳。文化大革命の始まりの年）。ニューレフト（新《しん》左翼）のガリガリの過激派なんです。でも内ゲバの時代でしたからね。本当に悲惨だった。こんなところで死ぬのはたまらん、と。暴力闘争で障害者になったら終わりだ、と思って、鬱《うっ》屈《くっ》して真面目な人間のふりをして生きた。だからアメリカの学生運動、スチューデント・レボルーションの時のＳＤＳ《エスディーエス》の中の、プラクシス・アクシスやアクション・ファクションなどの思想派閥のこともよく知っています。あの過激派のね。

ＢＦ　結構過激だったね。

副島　そうですよ。

ＢＦ　私も覚えているのは、高円寺に住んでいた頃のことですが、近くに中核派の本部がありました。いつもヘルメットかぶって、ゲバ棒持って機動隊と喧嘩してたから。それに出くわすと、ああ、チクショウ、また今日も遠回りして帰らなきゃと思っていた。そういう時代でした。

副島　その頃はもうみんな残党（リメインズ）ですね。私も、自分の先輩たちで、狂い死にした人とか野垂れ死にした人とか、刑務所に入った人とか、私が知っている範囲でも50〜60人います。何百人か内ゲバで死んだんですよ。私は、それをすぐ横で、じっと見てきた人間です。だから私は、今の日本の言論人や知識人（学者）たちに怖がられてるんですよ。何でも知ってますからね。なぜなら、誰かに会おうと、お前は大学時代、どこのセクトにいたんだ。どこのセクトだったか正直に言え、と怒鳴るからです。大学教授になったやつらにも、お前はどこのセクトだったんだと必ず聞くんです。今はもう75歳から80歳の人たちです。あなたはどこのセクトにいたんですか、と言うと、テレビ局、週刊誌のやつらでも、皆、ヒェーという顔をしていました。

BF　みんな大人しくなったね。

副島　そう、大人しくなった。みんな、自分のお父さんに叱られたんです。親子で泣きながら、お父さんに殴られて、「大学を卒業だけはしろ」と。そしてTV局、新聞社や大企業に入っていった。本物の活動家（セクトの人間）は、大学を卒業しない（できない）で、内ゲバで障害者になっていったのがいっぱいいるんですよ。それをね、私はいっぱい知ってるんです。私は彼らよりも5歳ぐらい下の少年兵でしたから。生き延びれた。そしてソビエト共産主義も潰れて、左翼《レフト》にとっては、気が狂いそうな悲惨な時代でした。

BF　昔、日本でヒッピーたちのお祭りに行ったときに、面白い人がいました。なんでも、自分は世の中の環境破壊に対して自分ができることを何かしなきゃならないと思ったと、その人が言うんです。で、何したんですかって聞いたら、銀行を爆破したって言うから、私はえーって思いましたね。それでその人は指名手配されて、沖縄の辺鄙《へんぴ》な島にずっと住んでいたそうです。そういう人たちがいっぱいいましたね。

副島　それ与論島に逃げた人たちじゃないかな。沖縄はまだ返還（1972年）されてなくて外国扱いですから、パスポートが必要だったから。それはともかく、ですから日本ではヘンなトリビアリズム、細かいちっちゃなことのほうに思考が向かうんです。思想《イデー》とか大きいことを考えられない。

BF　まあそうですね。スターリンの名言があります。100万人が死ぬのはただの統計にすぎないけど、1人が死ぬのは悲劇だ、と。要はまだ顔が付いてるものにみんな興味あるからですね。

副島　小説の世界は個人ですからね。日本は、敗戦後もずっと文学作品（小説）が政治言論の肩代《かたが》わりをしたんです。文学小説を読むことでしか世界を知ることができなかった。

　だから私はフルフォードさんにもっともっとそういう細かい（トリヴィアルな）ところを、そのうちもっとお話ししていただきたい。それが実感が籠《こも》っていておもしろいんです。つまり、世界情勢の大きな話は、私たちが話さなくたって、外枠《そとわく》の理解だけでも世界は勝手に動いていきますから。

BF　ただ本当に、私のカナダでの実家の家族ぐるみの友達だったレスター・ピアソンという元首相が、国連の平和維持活動の礎《いしずえ》を築いたりして、彼なりに一所懸命、国際紛争の解決や、法による支配とかを唱えていたんです。でもまったく力不足でした。カナダは国として力が足りなかった。それはいくら欧米社会が音頭をとっても、彼らがアジアに来て、アジアの国々を説得しなければ、彼らの思い通りになるはずがない。私が親しく付き合っているアジアの結社の人たちに言ったのは、今、欧米の社会は病気を持っているということ。いわば梅毒を持った美少女のようなものだと。

副島　欧米の白人社会と言ってください。

BF　白人社会でもいいですよ。要は梅毒を持った美女だから、抱く前にまず薬を飲ませないとだめです、という意味。つまり、彼らはヘンな悪魔崇拝カルトに乗っ取られているから。最初アジアの人々にもいい顔だけして、いい思いをさせて。それでじわじわ浸透していって、そして社会の一番上を乗っ取るわけです。天皇家とかもね。そして、いつのまにか自分たちの支配のルーツであるバビロニア式奴隷社会を持ち込もうとする。だからそうされる前に、まずその人たちをどうにかしなければまずいよ、ということを繰り返しアドバイスしてきたのです。

◆暗号通貨はうまく行かない

BF 今、トランプ政権の裏方が、相変わらずお金がないから、ビットコイン、暗号通貨で何とかしようとしています。だからビットコインが高騰しました。

副島 10万ドルまでいきましたね（12月5日）。

BF 世界の金の85%がアジアにあるから。我々はもう金《きん》はいらない、暗号通貨でいきますと言っています。要するに石油本位制ドルが終わったから、金《きん》本位制ドルに戻るのではなくて、ビットコインでやろうとしているように見えます。

副島　ホントですね。これはスゴいアイデアです。金《きん》の代わりにデジタル米ドルで次の世界体制《ワールド・オーダー》を作ろうとしている。電力が安いから、ほとんどテキサス州にいる。世界中から来た。この暗号通貨のマイニング・カンパニー（暗号資産の掘り出し業者）をトランプは嫌っていました。ところが、5月に急に態度を変えました。やっぱりここでもイーロン・マスクがトランプに「金《きん》の代わりにブロックチェーンのデジタル・マネーで行こう」と説得したようです。

それはうまくいくと思いますか。

BF　うまくいきません。なぜなら、ビットコインは食べられないからね。実物じゃないから。

副島　そうですね。暗号資産は、tangible asset タンジブル・アセット、実物《じつぶつ》資産ではない。実体《じったい》のある価値 intrinsic value イントリンジック・ヴァリューを持たない。

BF　工場（ファウンドリー）とかの、実際の製造業の現場はほとんどアジアが持っています、今。いくら暗号通貨でやろうとしてもうまく行くはずありませんよ。

副島　私も大嫌いだ、暗号通貨（クリプトカレンシー）が。ただしクリプトカレンシーを

ビットコインの価格は10万ドルを超えた

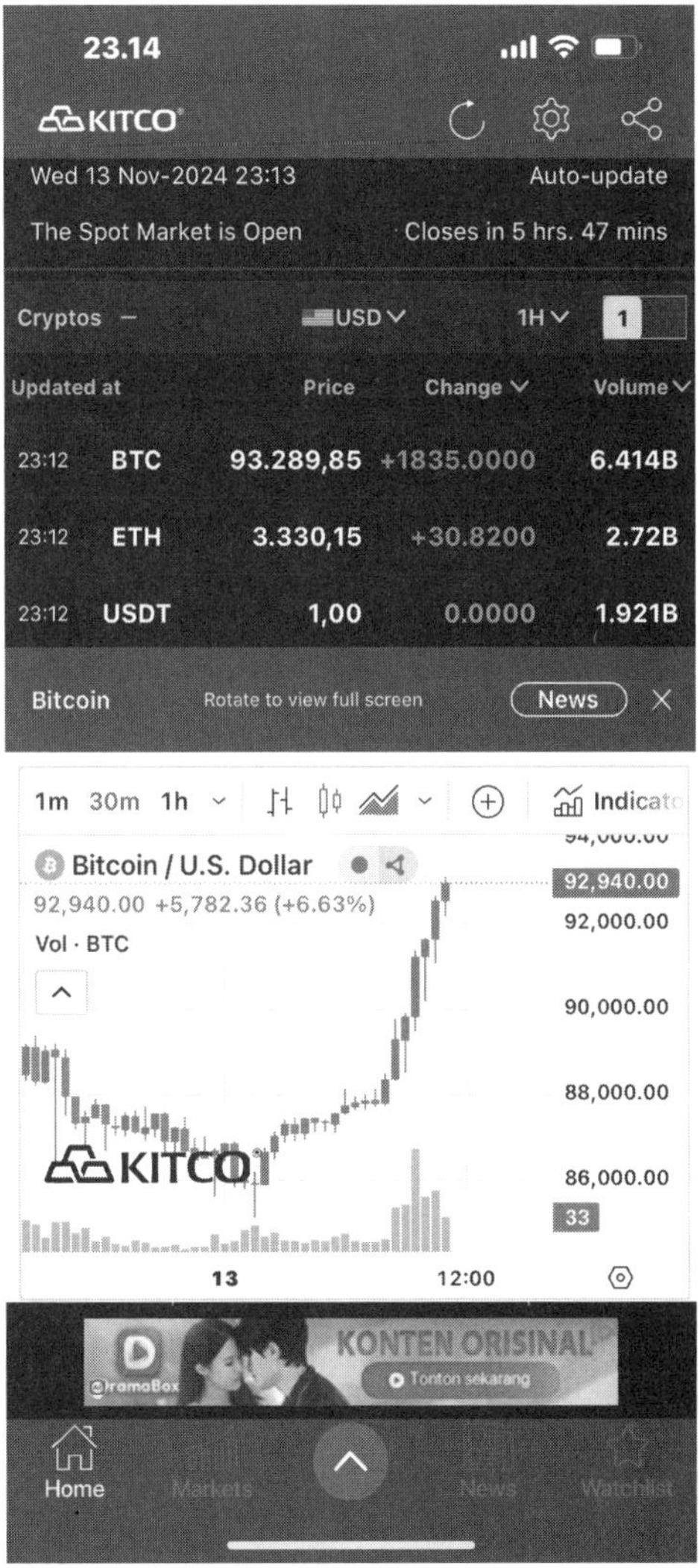

動かしてるブロックチェーンの技術だけは大事らしい。マイニング（鉱山掘り、採掘）をするために。それ以上は私は分かりません。

BF　そう、マイニングはみんなが見ている前でやるから、ズルはしにくい。みんなの前で。はいこれはあなたのものですと言うのを、みんなが見ているから。仮に、これはあなたのものじゃないですよ、あげませんと言われても、えっ、それは違うでしょって、誰にもすぐに分かる。

副島　5年前に暗号通貨のマイニングをやっていた連中が、中国から、逮捕はされなかったけど追放されて、ほとんどがアメリカのテキサス州に移った。ネパールとか中央アジアとかいろいろなことが当時言われましたが、結局みんなテキサスに来ました。この連中を利用して、ブロックチェーンで、ＣＢＤＣ（中央銀行《セントラルバンク》デジタル・カレンシー）を始めると。トランプも仕方がない、分かった。それに乗っかる、と内部で言っちゃったんですよ、きっと。私はうまくいかないと思う。

BF　いや、水面下で、金本位制《ゴールド・スタンダード》を作ろうとしています。

副島　私もそうあって欲しいと思っています。人類（人間）には金《きん》（Gold）が大事だ。

それでも日常で使う通貨（マネー）としては、金《きん》は高すぎるから銀《ぎん》でやるべきですよ。シルバー・コインは今はゴールドのコインの80分の1の価格まで下がっています。アメリカのリバータリアンやバイメタリスト（bimetallist 金と銀の2つの硬貨《コイン》で生活する。中央銀行は要《い》らない）たちが今もアメリカにはたくさんいます。

BF　南米に銀はいっぱいあります。

ギリシャ神話のミダス王の話をご存じでしょう。1つだけ願いを叶えてやると神に言われたので、自分が触れるものすべてを金にしてくれとお願いした王の話です。その願いを叶えてもらったら、ミダス王は餓死しました。食べ物に触れると、すべて金になってしまったからです。私が何を言いたいのかというと、結局、金とか銀だけじゃだめなんですよ。やっぱり実物、つまりは穀物とか、本当に存在するもののバスケットのほうが裏付けとしては有効なのです。

副島　通貨《カレンシー》バスケット制度（方式）ですね。金、銀の貴《き》金属だけでなくあらゆる鉱物資源と原油、天然ガスのエネルギーから穀物、豚肉などの食糧品までも、すべて大きく資産評価して、ひとつのバスケット（かご）に入れて、それを保証（担保《たんぽ》）とする新しい世界通貨体制にする、という考えですね。
BF そう。世の中に現実に存在するものをベースにする。
副島 価値の基準を物体性のある実物で測る。
BF そう。そうでないと結局、金融システムのほうが実物経済の生命力を吸い取るんですよ。
副島 金融という悪魔のお金が実物実態である、私たち人間の生活を上から支配してしまう。フルフォードさんの言う、(古代)バビロニア(帝国)方式の人間の借金奴隷化だ。だから、アメリカは、あと4年後に国家破産すればいいんです。トランプでも、もう立て直しは無理です。
BF あと1か月か2か月かもしれませんよ。
副島 フルフォードさんは、明るく北米同盟になると言ってるからね。
BF ええ。だって私、その計画の当事者なんですから。
副島 私はヨーロッパ白人たちはこれまで500年間、威張りすぎたと思いますよ。
BF それはおっしゃる通り。

副島　インドネシアの軍人たちも怒ってるでしょ。オランダの植民地にされて、500年間。フルフォードさんのネット文章《ブログ》の熱心な読者たちだ。

BF　もちろん。それだけじゃなく、今オランダにいるイスラム教徒たちが、オランダはイスラムの国だ、なぜならイスラムの財産で作ったんだからと言って騒いでいる。ベルギーもアフリカから盗んだもので成り立っているような国ですからね。

副島　ベルギー王室（レオポルト2世）はコンゴから金《きん》とダイヤモンドをいっぱい盗みましたね。コンゴ人を鉱山掘りの奴隷にした。

BF　だから結局、これから西側の支配が終わる。

副島　終わりますね。

◆トランプもユダヤ系？

BF　ただうまい具合に、円満にバトンタッチしてもらわないと、戦争が起きる。戦争を起こさずに円満に新しい世界体制に切り換えるのがこれからの課題だと思います。

副島　そうですね。トランプは戦争はしないと言ってるから。すべてただちに停戦（シース・ファイア）させる、と。

だから、あとはやっぱりもう1回、先ほど言ったメーフォー・ヴェクセル（メーフォー証券）、シャハト・ボンド（債券）を発行して、これまでのドルの借金を凍結して、新しい借金証書を作って、これで国家（財政）資金を作って大土木《だいどぼく》事業とかを始めて、職がなくて失業している貧乏白人《プア・ホワイト》に職を与えて、MAGA《マガ》（アメリカ復興《ふっこう》）をやろうとしている。しかしこれは手品です。ニューヨークの街角でチンピラたちがやっているシェル・ゲーム shell game あるいはトランプカードでやるスレイト・オブ・ハンド sleight of hand ですね。シャハト・マジックと言われていた。トランプはこれを必ずやりますよ。

BF　私は徳政令を出すと思う。一回全部、借金棒引きにする。

副島　いや、それはやるとまずいんですよ。外国が怒りますからね。米国債を山ほど買って（持って）いる。日本なんかその代表です。だから、やり口は隠さなきゃいけないんです。公然と破産させたらだめなんですよ。破産させないで、無理やりゴマかして、何とかね。

BF　ユダヤ人はいろいろ変なことやるんですよ。例えば、自分の罪を全部鶏《にわとり》に移して、それでその鶏の頭を切断して、それで自分の罪がなくなるんだとか。わけが分からないことをときどきする。

副島　だから私の考えでは、ニューヨーカーであるトランプはユダヤ系なんですよ。いくらドイツ系といっても、あれだけイスラエルに徹底的に肩入れしていますからね。義理の息子のジャレッド・クシュナーもいるけど、トランプ自身がユダヤ系だとしか考えられない。アメリカには2000万人どころか3000万人の closet Jews（クローゼットジュウ、隠れユダヤ人）がいるはずです。そうでなければ、米国内のはっきりしたユダヤ人1000万人だけでは、イスラエルを支えることはできない。フルフォードさんはオープン（公言）・ジュウですけどね。

BF　私に言わせると、何千年も前から奴隷民族だったユダヤ人の解放が私の目的。その時こそがバビロニア式借金奴隷制度からユダヤ人も解放される時。

副島　私の考えではあらゆる宗教と人種の区別はもう消滅してほしい。アメリカに渡った日系人はもう消えていなくなったんですよ。中国人は何代経っても中国人のままだ。アメリカの日系人の3世4世は例えばミシェルという名前を娘につけます。髪は黒くて、ちょっとアジア人だけど、フランス系ですという振りをして、ミシェルと名乗っている。もうアメリカに同化して消えていなくなった。自分たちはアメリカ人なんだと言って、日本に来ない。だからアメリカの日系人の社会は、3世4世で消えた。日本への愛着も何もない。

BF 理由の1つは、第2次世界大戦の時に日系人は強制収容所に入れられて、そこで財産を全部取られたことですね。そして戦争が終わった時に、帰るところがなくて、バラバラになった人たちが大勢います。中国人はずっと中華街のままで何代もずっといますけど。

副島 日系アメリカ人は、第2次大戦のとき、主にイタリア戦線に送られた。ハワイとカリフォルニア州の442部隊とかで大勢死んでいます。南太平洋戦線では日系人は通訳兵とかで働いた。

BF 私が大学の時に、付き合っていた日系の女の人のお父さんが、パイナップル部隊に所属していたと言っていました。パイナップル部隊というのは、戦後の朝鮮戦争の頃の、米軍の中の日系人部隊のことで、その中には、日本国内で日本人を暗殺する役目の人たちもいたんだそうです。

副島　暗殺される日本人はファシストや共産主義者だからなんですか。

BF　たぶんファシストよりも頭が良すぎて、アメリカの言うことを聞かない人たちだと思います。

副島　アンチアメリカン？

BF　古代から人を家畜にしてきた悪魔崇拝のハザールマフィアは、国を乗っ取った時に、必ずその国のインテリを殺して、自分たちより頭がいい人がいない状況を作る。この前のイラク戦争のときのアメリカも同じことをしました。インテリ大学教授をみんな殺した。それと同じで、戦後すぐの日本支配の間、日本人の中の一番頭のいい人間で言うことを聞かなさそうなやつを殺す役割を、その日系アメリカ人のパイナップル部隊が担っていたということです。

◆岐路に立つ白人主義

副島　フルフォードさん、私はアメリカ人の知識人から、「お前はアンチアメリカンだ。だから尊敬する」と言われたんですよ。アンチアメリカンとアンアメリカンは違うんだと教わりました。アンアメリカン un-American というのは、1950年代のマッカーシーイズムの嵐（反《はん》共産主義）の時に言われた言葉で、非《ひ》国民という意味です。「お前はアメリカ国民のくせにアメリカに逆らった。そして共産主義に関わったから、お前はアンアメリカンだ」と。アンアメリカンはアメリカ国内の反《はん》アメリカ人間で、非国民なんですよ。それに対してアンチアメリカン anti-American は、「外国人で、アメリカのことをよく調べた上で、それでアメリカの、その国に対する政策に反対することで反《はん》アメリカなのだから、尊敬されるのだ」ということでした。こういう区別とか、一つ一つコトバの使い方の違いが分かることで大変な苦労をして来た。私は日本語と英語の壁で、一つ一つ全部区別をつけていった人間です。

BF　それと似ているのは、ＢＲＩＣＳの人に聞くと、ＢＲＩＣＳって、アンチウエスタンじゃなくて、ノーウエスタンだと、本人たちは言いますね。要は反《はん》欧米なのではなくて、非《ひ》欧米なのだって。

副島　そうか。ＢＲＩＣＳのノーウエスタン no-Western は、ウエスタン（欧米近代社会）を否定するのではなくて、欧米からたくさん学んだあとで、そのダメなところを、これから乗り越える、新しい国際運動だ、ということですね。そうすると私も、非《ひ》欧米、ノーウエスタンですね。

ロシア白人は、もうヨーロッパ白人であることをやめて、そろそろとアジアのほうに寄って来ている。俺たちにはアジアの血が入っていると言いだしていますね。ネオユーラシアニズム neo-Eurasianism という思想運動ですね。

BF　だってロシアの旗に双頭のワシが描かれていますでしょう。あれは東も西も見てるという意味です。

副島　あれは、ウィーンのハプスブルク家が双頭のワシで、古代ローマ帝国の時からあるんじゃないですか。ロシアは、自分たちこそは正当なローマ帝国の継承者だと言ってます。西ローマ帝国が滅んだ（西暦476年）あとも長く続いた東《イースト》ローマ帝国《エンパイア》（ビザンティン）とギリシャ正教を受け継いだことで。だからローマ帝国の後継者だと。

BF　その通りですよ。

副島　でも私はもう、その白人主義はやめなさいと言いたい。人種も宗教も全部滅ぼしてほしい。

BF　でもね、白人主義と言われても、自分の家の隣に異人種が住んでもいいか、という世論調査をすると、いいですよと言うのは白人なんです。もちろん、一部に激しく抵抗する白人もいるけど、ごくレアなんですよ。

副島　その問題は、日本ではごく最近、出てきました。国連《こくれん》が主導して（その裏にダヴォス会議などのディープステイトの意思が働いている）、日本ももっと世界中から移民を受け入れなさい、となってきた。それで外国人がかなり増えています。それを、日本人は、反対するわけでもなく訝《いぶか》しそうに見ています。

それで、今度、副大統領になったＪＤヴァンス問題が出てくる。4年後にトランプが82歳で引退したら、その後はＪＤヴァンスでしょうね、このまま行けば。

「4年後にJDヴァンスが次の大統領になるでしょう」(副島)
「そこまでアメリカはもたないと思う」(フルフォード)

ヴァンスが2016年に出版した『ヒルビリー・エレジー』は大ベストセラーになり映画にもなった。アパラチア山脈周辺に住む、貧乏白人たちの世界を、自伝で精密に描いた。

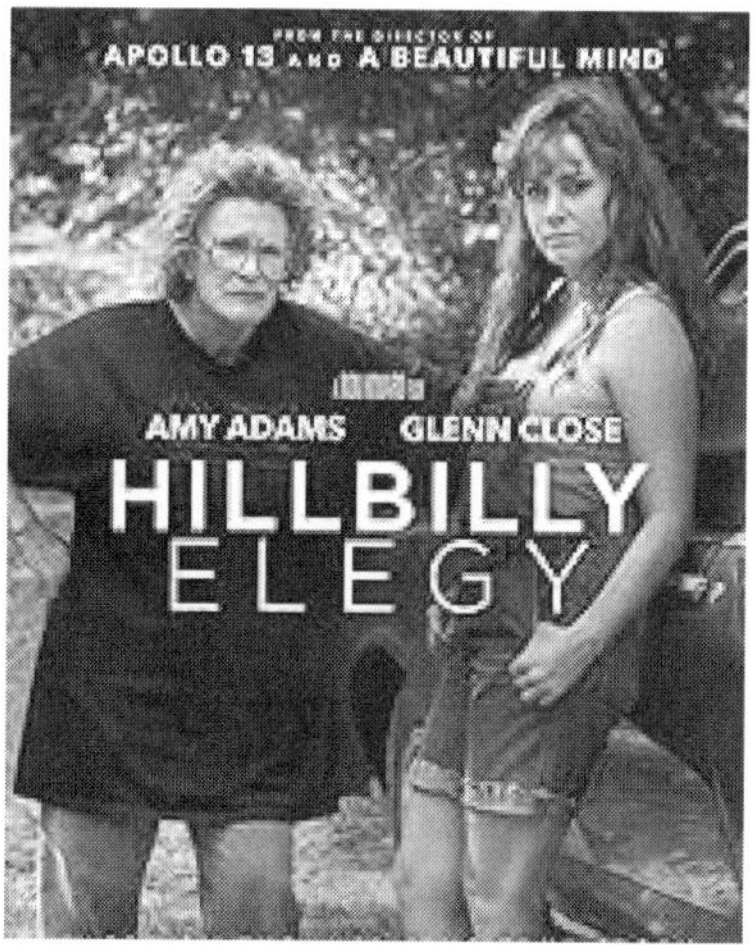

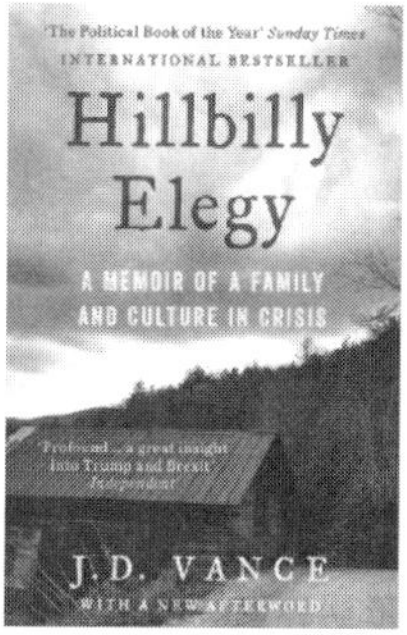

BF　F　そこまでアメリカが保《も》たないと思う。

副島　保《も》たなくても、JDヴァンスは貧乏白人の星ですから。representative of poor white レップ・オブ・プアホワイトです。ヒルビリーですからね。ヒルビリーと言えばフルフォードさんならすぐ分かる。日本人はこれまで誰も知らないんです。ヒルビリーエレジー。ああ田舎っぺのことだとピンと来て分かった。どん百姓のことだと。「どん百姓の音楽」と言うわけにいかないから、カントリー・ミュージックに呼び名を変えたそうです。ヒルビリーたちは、スコッチ・アイリッシュですね。

BF　反《はん》政府で、どぶろくを作っている人たちというイメージがある。

副島　そうです、スコッチ・アイリッシュ（アイルランドに移り住んだスコットランドの貧しい農民たち）は、飲んだくれですからね。ペンシルヴェニアの西からケンタッキーまでずっと、ヒルビリーのどん百姓たちの地帯でね。

BF　だいたいアメリカ軍にああいう人たちが多いですよ。

副島　だから、JDヴァンスが、崩れゆくアメリカの次の大統領になると決まったようなものです。

BF いやあ、わかりません。

副島 合衆国が国家分裂（secession セセション）してしまえば、分裂した中央国の大統領になりますよ。ただ彼はオハイオ州とケンタッキー州だからね。中間なんですよ。アパラチア山脈のこっち側とその南側の一帯だ。これまで威張りくさって来たワシントン、それからニューヨーク、シカゴも、フィラデルフィアもボストンも東部《イースターン》圏は潰れてほしい。破産しろ、お前たちはと。

BF その通り。一旦破産しないとだめ。

副島 原油や鉱物資源の実物資産を持っているのはテキサス州ですからね。

BF 破産して、経営を変えて、それで普通の国にする。要はテロを起こしたり、戦争を起こしたり、資源を盗んだりするんじゃなくて、今後はみんなと仲良くする。

◆帝国―属国理論VS陰陽《いんよう》思想

副島 ただフルフォードさん。人類５０００年の歴史は、ヘジェモニー（覇権《はけん》）の歴史です。ワールド・ヘジェモニー（世界覇権）はなくならない。それを、みんな平等にとか言っても、そんなキレイごとを並べてもだめです。誰かがヘジェモニーを握る。

BF あのね、世界史を見ても、日本史を見ても、戦国時代がありました。中国にもあります。それでどこでも、戦国時代が終わったら、平和の時代が訪れています。だから、今回もこれまでの戦国時代が終わったら、しばらくは平和の時代にしましょうというのが私たちの狙い。

副島 それは分かります。平和《ピース》とは戦争《ウォー》がないこと、ですからね。そして帝国《エンパイア》の平和、というのは、力による平和です。東アジア（中国文明）ではこれを、大和《だいわ》（grand peace グランド・ピース）と言います。日本は丁度2000年前（後漢《ごかん》帝国）からこの中国歴代王朝（中華帝国）の東の端《はし》に組み込まれていました。

BF いやあ、力による平和といっても、最終的にみんなが戦うのはやめようと合意することはできる。

副島 それでも、フルフォードさん、人間《マン》（人類）が戦い、争いをやめないのは、自然法則《ナチュラル・ラー》の一部である動物の法則なのだから、戦いはなくならない。

BF　いや進化論（エヴォルーション）で言うとね、一番成功するのは戦ってる動物じゃなくて、洞窟でいちゃいちゃしていた動物のほうが繁殖するんですよ。

副島　だけどそれにも雄《おす》同士の戦いがあって、負けた年老いた雄《おす》が追い出されて、若い力のある雄《おす》が雌《めす》たちと交尾して繁殖させるんですからね。こういう自然法則は避けられない。

だから、これをもう少し敷衍《ふえん》したら、ディープステイトの悪の思想、悪魔教というのは残る。なぜなら悪《あく》が支配しないと経済繁栄を作れないいんだ。人間は悪なんだ、というふうに、彼ら大富豪《スーパー・リッチ》（大企業創業者の一族）とエリート官僚（現代の僧侶《そうりょ》階級）は考えている。私は、彼らディープステイトの思想の必然を理解できる。ですから、ローマ・カトリック教会を真に創立《ファウンド》したペテロとパウロ（ローマ人たち。パレスチナに行ったことはない。彼らは使徒《デザイプルズ》ではない）の後継者であるローマ法王たちは、自分たちは、ペテロの信者なのであって、イエスの信者ではない、と秘密の儀式で宣言するようです。

BF　あのね、要はこういうことなんですよ。私はイタリアへ行って実際に自分の目で見て分かりました。バチカンの上にいる連中はみんなゾロアスター教で、絶対悪と絶対善の戦いを信じている人たちばかりでした。

それに対して、アジアのほうは、陰陽《いんよう》の思想です。陰の中にちょっと陽が入っている。反対に陽の中に陰が入っている。

副島　私もそれはわかります。私もゾロアスター教徒（信じる人）かもしれません。ニーチェが好きですから。ニーチェがローマ・カトリックの思想に全力でぶつかった人です。

BF　私はそっちのアジアの陰陽の方向に世界を持っていこうとしているのです。だから善と悪の戦いじゃなくて、女と男の結合と協力。

副島　フルフォードさんのその理論は尊重します。尊重しますけど、陰陽《インヤン》なんて、日本人にはよく分からないんだ。中国人、韓国人は分かるみたいだけど。太極拳ですね。韓国の旗も陰陽で出来ています。だけど、日本人は実は陰陽がよく分からない。だから、日本人に、それを言われても困る。陰陽道《おんみょうどう》という儀式自体は日本にも来てるんだけど。陰陽寮《りょう》が式部官《しきぶかん》で宮中の祭礼を司《つかさど》りました。日本人は、太陽がぱーっと出るしか分からないんですよ。

BF　でも世界レベルでは、要するにずっと戦うんじゃなくて、国と国の付き合いを仲良くこなすという方向で行かなければならないと思います。

副島　現実には、そうですね。外国と仲良くすることが外交《がいこう》の基本です。でも私は帝国―属国理論ですから。帝国は必ず出来る。周りが言うことを聞くしかない。

BF　世界帝国が出来た時には、人類はもう平和に暮らすしかないんじゃないですか。問題は、その平和を、たった1人の絶対的独裁者の下で実現するのか。あるいは世界の国々や人種・宗教がすべて1つの家族みたいなかたちで決着するのか。

副島　うーん。そうすると、フルフォードさんの思想は、ロックフェラー家が唱えたOne《ワン》 world《ワールド》 Order《オーダー》になってしまいます。世界平和が実現して、その上に自分たち哲人《てつじん》支配者（フィロソファー・キング）がいる、と。だからグランド・ピース（大きな平和）と言うのは、帝国による力による平和です。

日本語にも「大和」という漢字があります。中国から持って来ました。これ、フルフォードさん「やまと」と読むでしょう。大嘘《おおうそ》なんです。この漢字がグランド・ピースですよ。大きな平和です。これを日本からの留学僧《そう》（国家派遣の優秀なスパイ）たちが、6

世紀（500年代）に漢籍《かんせき》と共に移植、即《すなわ》ち泥棒して来た。そしてこれを無理矢理、日本語で、ヤマトと読ませたんです。どこをどうやったら大和《だいわ》を「ヤマト」と読めるんだ、このバカどもめが、と、私は小学生の頃からずっと不思議に思っていました。誰も説明してくれません。これは、北京の紫禁城《しきんじょう》の、天安門広場《スクエア》から中に入ったところに、大きな門がドカーンとあって、そこに「太和殿」と書いてあるんです。観光客は皆これを見ている。こっちは大に点がついている。これを日本に泥棒して持ってきただけなんです。

ヤマトというのは、もともとは「山《やま》の門《と》」と本当は書くんですよ。今の奈良県の南の、明日香《あすか》村の辺《あた》り一帯の地名です。このことを日本人は誰も知らないの。大和と書いて、どう考えても「やまと」とは読めない。それを小学校1年生から「やまと」と教えているわけです。この大和がグランド・ピース、大きな平和という意味なんですよ。

BF　そうなんだ。

副島　そう。だから大和《やまと》魂《だましい》とバカどもがすぐに言うけど、中国から泥棒してきただけだ。山門国《やまとのくに》と同じように長門国《ながとのくに》（今の山口県の北部）や鳴門国《なるとのくに》があるんですね。そしてグランド・ピースを中国の歴代のダイナスティ（王朝）が、力によって作ったと言っている。今の共産中国もその後継者です。自分たちでもそう思っている。

BF　でも日本の強みというのは、いろいろなところからいいとこ取りして、独自のいいものを作ったわけですよ。

副島　そうです。いいものをいっぱい作っています。外側（外国）から流れて来た技術や文化を、実に器用に改良して、とにかく小さくして優れた生活用具に変えた。だからビル・ゲイツも、スティーブ・ジョブズもみんな日本のソニーやらいろんなところから泥棒した。日本人が一番いいものを作ったんだけど、みんな泥棒された。ノーベル賞級の日本のエンジニアたちが、貧乏のまま終わっています。そういう国なんです。でもそれはね、カルチュア（国民文化）だから仕方がない。大きなシヴィライゼイション（文明）を日本は作れない。それが運命だから。

私は、「文明《シヴィライゼイション》と帝国《エムパイア》はどっちが大きいのか」とずっと悩んでいたのですが、最近、「どうも帝国のほうが先だ」と考えるようになりました。帝国には、周辺からたくさん貢《みつ》ぎ物《もの》や優れた人材や技術が集まって来ますから、どうもそれが文明を作ったのだ、と。

それでも人類の歴史（文字《レター》があること、からあと）はたかが5000年ですからね。

BF　私は日本がアメリカから解放されると思いますよ。

副島　日本は大丈夫ですよ。だから、日本人はみんな知らん顔してますよ。トランプが当選したって。

BF　これから子供がたくさん生まれて、高度成長の時代に戻れると思う。

副島　そうですね。ただ、下のほうの国民5000万人が時給1000円で働いてるんだから。かわいそうな国民だ。アメリカが資金を奪い取ってゆくからです。

BF　それを、もう1回豊かにするしかない。

副島　だから私は、「貧乏に耐えながら働いてるからこそ、日本人は大丈夫だ」理論なんです。浮かれていないから。アメリカにいっぱいお金を取られて払っている。お金を払う（取られる）人は大丈夫なんです。どうやら、戦争するよりは貧乏のほうがいい、というのが、我々日本国民の奥底《おくそこ》での選択らしい。アメリカに用心棒代（駐留米軍）を払っているのだから守られているのだ、と。

BF　いやだけどね、今結局、G7が管理する国は、どこもみんな共通の問題を抱えているのです。どの国も女の人が子供を産みたくない社会を作ってしまった。そうすると自然の法則で淘汰されるわけ。だから再び……

副島　没落国家になる。

BF　だから再び女の人に子供を産んでもいいと思ってもらえる、安心感のある社会を作らなければならない。

副島　そうですね。政治家と官僚にとってそのことが一番大事な課題でしょうね。韓国は合計特殊《とくしゅ》出生率が0・78まで落ちたんですよ。

BF　そう、すごく低い。

副島　日本は1・26ですか。

BF　はい。だからこのままでは絶滅しますよ。

副島　いやだけどさ、今1億2000万人ちょっとだけど、30年後ぐらいに1億人を割ると言う。ついに政府発表では1年間に人口は42万人減っている、と。だが、本当は100万人ずつ減っているようです。結婚しない、子供を生まない人が、私の周りにもたくさんいます。

でもいいじゃないですか、1億人いれば。まだ1億2000万人もいるんですよ、日本には。

BF でもほとんど空いているでしょう、田舎が。

副島 いっぱい空いてますよ。全国で住宅1000万戸が空いている。そのうち200万戸は管理されていない放置家屋だそうです。ネパール人が来て、ベトナム人が来てます。

BF この列島に10億人の人間が住んでも、自然はまだまだいっぱい残ると思いますけどね。

副島 私が住んでいる静岡県の熱海もね。別荘の9割、人が住んでいません。今から中国人がどんどん買いにきますよ。

BF 私も買おうかな。

副島 今が最後のチャンスです。まだヒドく安いです。中国人がどんどん買いに来ています。

BF 今がチャンスだ、たしかに。

◆最後まで票を数えないいい加減さ

副島　最後になりますが、今回の大統領選で、両陣営の最終得票数が出ていないのはなぜなんでしょうか。ヴォウティングナンバー（voting number 得票数）のトランプの得票数は、7500万票で計算打ち止めになっています。ハリスが6900万票だ。他にあと5000万票あるんですよ。これをアメリカの選挙管理委員会自身が最後まできちんと数えない。そして公表しない。アメリカ人というのは、本当にふざけた国民です。インチキ投票数でも何でも、最後まで数えないのは何でなんですか、フルフォードさん。バカなんですか。嫌《いや》なんですか。日本人は全部数えますよ、一応ちゃんと。

BF　要するに偽造の票が多すぎるということでしょう。

副島　驚くことに、トランプたちも、これでもう勝ったから、いいやで。アメリカ人はこうやって、ゲームイズオーバーしちゃったらそれで納得するのですか。

BF　本当は9割方トランプが取って勝ったのよ。だからもう勝ったからいいよってなるんじゃない。

副島　白人というのはそういうバカな連中なんですか。

BF　もう勝負がついたとみんな思ってるからでしょう。国民性もあると思いますが。

副島　私には理解できない。私は、昔ロンドンで、地下鉄を待っていたら、運転手が終電の前に、もう今日はここまでで終わりだ、あとは運転しない、と言って止まっていた。客たちがワーワー集まって、もっと先まで行け、と怒鳴っていた。何なのあれ。信じられない光景でした。イタリアでもそういうことがありました。

BF　まあボクシングでも勝ち負けが決まったらもうそれで終わりっていうこと。私も、カナダに帰って、ガソリンスタンドへ行ったら、店の若い従業員が出てきて、時計見て、「あ、今日はもうごめん、終了。バイバイ」と、行ってしまった。

副島　もうしょうがない、という面もあるけれども。日本人にはそのメンタリティはちょっとついていけない。

BF　逆に、日本に外国人が来ると、電車があまりにも時刻通りに発車して、少しは遅れてくると思っていたから乗り遅れた、なんて話も聞きますよ（笑）。

◆日本のエリートにも儀式参加者たちがいる

副島　ペドフィリアをやってしまって、儀式で殺した子供の肉まで食べた人間たちは、やっぱり許しちゃいかんですよ。日本にもね、ディープステイトの手下、子分になって、そこまで行った連中がいます。政治家から、霞が関の高級官僚とメディア（マスゴミ）の上のほう、大企業の幹部、学者たちにいたるまでね。

例えば日本に江藤淳《えとうじゅん》という名高い作家がいました。慶応大学教授で、夏目漱石と小林秀雄の研究をして、1990年代まで一番有名な評論家でした。私たち左翼学生でも彼の本を読んで尊敬していました。ウッドロー・ウィルソン研究所とプリンストン大学に呼ばれてアメリカにいつも行っていました。それが66歳で鎌倉で死にました（1999年7月21日）。殺されたんです。アメリカの研究をしたり、日本の保守派評論家で一番のエリートでした。この人が十文字にお腹を切られて殺されてるんですよ、鎌倉で。オルメタ（復讐の儀式）です。

BF　なんで殺されたわけ。

副島　だからウッドロー・ウィルソン研究所にいた時に、儀式に参加しているんです。それで裏切ったんですよ。『閉《とざ》された言語空間』という敗戦後のアメリカによる日本の支配や言論統制や検閲（センサーシップ）のことをバラした本を書いたりしてね。つまり書いちゃいけないことを書いて、裏切ったからです。儀式《リチュアル》にも参加していた。

だからアメリカに見込まれて大事にされて、ディープステイトの手先をやっている日本人のエリートは、ほとんどこの儀式に参加させられるわけですよ、外務省や大蔵省の幹部たちにしても。自民党の若手もね。例の『アイズ・ワイド・シャット』（1999年作）に出てくるような、ニューヨークのポカンティコのお屋敷の他に、あとはフィリピンのマニラの郊外のモンテンルパというところの、湖の真ん中にある島に連れて行かれます。そこで儀式をやるんです。

BF　そういえば映画『アイズ・ワイド・シャット』は検閲されたんですよ。

副島　フルフォードさんが今年出した『アメリカ帝国消滅後の世界』（秀和システム、2024年）で書いていましたね。女の顔の皮を剥いで、それをマスクにしたシーン。

BF　そう、それでキューブリック監督は本当のことを暴いたから殺された。
副島　だから、日本の学者たちでも、たとえばイェール大学に留学して、学生秘密結社のスカル・アンド・ボーンズの儀式に参加した者たちがいるんですよ。
　スカル・アンド・ボーンズは、１９８０年代に、ビル・クリントンやヒラリーが来た頃から、赤ちゃんを食べ始めたんですって。
BF　私は、ヒラリーがフーマ・アベディンと一緒に女の子を拷問して殺して、その子の顔の皮膚を剝がして、それを自分の顔の上に載せたりしているビデオを実際に見ました。そのビデオは、フーマ・アベディンの前の夫のアンソニー・ウィーナーが、自分の男性器を撮った写真を何人もの女性に送り付けたりしていたスキャンダルが発覚して逮捕されたときに、押収された彼の自宅のパソコンに入っていたものです。そのファイルには「保険ファイル」と書かれていた。要は、自分が何か危ない目に遭ったとき、これを使って脅し返すためのファイルという意味です。その中にヒラリーとフーマ・アベディンのその動画が入っていました。私はＣＩＡ筋の人間から送られてきて、気持ち悪かったけど、一応最後まで見ました。でも、それを見た警察官12人のうち９人が殺されています。残り3人は身を潜めています。

副島　フーマ・アベディンがアレックス・ソロスと最近、婚約したそうです。フーマは、ヒラリー・クリントンが国務長官《ステイト・セクレタリー》（オバマ政権）の時の主席補佐官《チーフ・オブ・スタッフ》で、ヒラリーの同性愛《レズビアン》の相手だった、と言われています。このアレックス・ソロスが、今度の違法な選挙泥棒集票機のドミニオンを動かしていたらしい。そしてイーロン・マスクとトランプによって宇宙通信戦争Space《スペイス》 I《アイ》 T《ティ》 War《ウォー》で、大失敗させられた。

だから日本にも、お前も子供のお肉を食べただろうと証拠付きで言われたら、逃げられない日本人が数百人います。だから、お前らな。犯罪の共同体に入れられて逃げられなくなったのは分かるけれども。私がこう書くことに意味がある。今頃彼らは震え上がっていますよ。

BF　その人たちのリストがあるんですか。あるんだったら、米軍の良心派の人たちに動いてもらいますから、私にそのリストをください。本当に逮捕させます。私は、ご飯を食べるために作家のアルバイトをしているだけで、本業は革命家ですから。オーバースロウ・ザ・ガヴァメント Overthrow the government！　政府を打ち倒せ、ね。悪い

フーマ・アベディン（右）と婚約したアレックス・ソロス

この2人には言う言葉がない。

奴らが国を乗っとったのだから、それを追い払うのが私の本職。

副島　分かりました。今度お渡しします。

（終）

あとがき

ベンジャミン・フルフォード

本書は、私と副島隆彦氏との対談本の3冊目である。思い返せば、2020年11月の、バイデンが勝ったとされるアメリカ大統領選直後の大混乱の時期に、大手メディアが決して報じない、「今、アメリカで起きている本当のこと」をいち早く日本に伝えて江湖《こうこ》に迎えられたのがこのシリーズの第1弾であった。

あれから4年が経ち、2024年のアメリカ大統領選では、最終結果が判明するまで1か月はかかるのではないか、という事前の予測も裏切られ、なんと投票日（11月5日）の翌日未明にはトランプの勝利が確定するという、4年前とはまた逆の意味で、何が起きているのか分からない事態となった（実は、今回の大統領選挙は選挙の形を装った一種の軍事クーデターになるという情報は米軍筋から寄せられていた）。

この3冊目の対談本のためには、9月と10月にもそれぞれ1回ずつ収録をしてあったのだが、このような一種の緊急事態となったため、本書では、選挙結果が出て9日後の11月15日の対談のみをほぼ使い1冊を構成した。4年前と同じように、私たち2人が、息せき切って、その時点でつかんでいる最新情報をぶつけ合って討議している様子を、読者の皆様には是非味わっていただきたい。

対談本も3冊目となれば、慣れも出てくる。私は今回の対談も非常に楽しみにして臨み、そして無事に終えた今、私たちはお互い何でも言い合えるような独特な呼吸に達しつつあるように感じている。本書の後半では、私たち2人の「原理《プリンシプル》」——私にとってはジャーナリスト、革命家としての原理、副島氏にとっては言論人としての原理がどのようなものか、これまでの2冊の対談本にも増して、浮き彫りになってきて、読んでいて我ながらたいへん興味深かった。徹底して西洋の学問を身に着け、その思考法を自分のものにしてきた副島氏の帝国—属国理論と、西洋の枠組みから出るきっかけをアジアとの出会いから得た私が、そこに理想を見いだしている陰陽思想との対立は、この本では語り尽くせなかったが、これからの人類のあるべき未来を考えるために、読者の皆様にも是非ともその成否・優劣を考えてみていただきたいと思う次第《しだい》である。

一方で、客観情勢は、私たちの最終対談日からも日々どんどん変化している。最新情報を提供するという意味も込め、私の直近（２０２４年12月16日）のメルマガから転載して、この「あとがき」を締めくくる。

◆世界に生じる「大変化」の予兆《2024／12／16　VOL779》

複数の情報筋によると、ハザールマフィアらはトランプの大統領就任式の前にアメリカ上空で「何かとんでもない事」を仕出かそうと企んでいる。その準備のため、いま欧米各地では大量の「謎のドローン」が飛び回っている。さらに今、それに対抗してトランプ陣営も「何か大きなイベント」を計画しているという。

いずれにせよ、同筋は「両陣営ともに、クリスマスの前後に巨大なホログラムを空に出現させるつもりなのではないか……」と予想している。

【謎のドローン】

その謎のドローンは、今のところニューヨーク州とニュージャージー州で多く目撃されているようだ。その際の映像および画像は以下ＵＲＬで確認することができる。

https://abcnews.go.com/US/story?id=116763570

https://www.dailymail.co.uk/sciencetech/article-14189931/flying-drone-invasion-new-jersey-states-live-updates.html

https://www.msn.com/en-us/public-safety-and-emergencies/health-and-safety-alerts/ar-AA1vNTST

https://www.newsweek.com/mystery-orbs-appear-hover-over-minnesota-sky-2000261

最初に「謎のドローン」が目撃されたのは11月18日。それ以降、ＦＢＩには全米各地から３０００件以上の通報が寄せられているという。その目撃情報の１つが以下ＵＲＬの投稿。先週14日にメリーランド州の元州知事ラリー・ホーガンが「自宅の上空を飛ぶ数十機の大型ドローンと思われるものを撮影した……私はそれを約45分間 観察していました……」と映像と共にXに投稿している。

https://x.com/GovLarryHogan/status/1867608947525386534?ref_src=twsrc%5Etfw%7Ctwcamp%5Etweetembed%7Ctwterm%5E1867608947525386534%7Ctwgr%5E9fcfe8a6989c10c1226ced8370af5ddf40bf70a6%7Ctwcon%5Es1_&ref_url=https%3A%2F%2Fabcnews.go.com%2FUS%2Fmultiple-drones-entered-airspace-new-jersey-naval-station%2Fstory%3Fid%3D116763570

さらにアメリカの反体制グループ「Ｑアノン」のサイトには一言、こう書かれている：「Look to the sky（空を見ろ）」

これについてトランプは、自身が創設したＳＮＳ（Truth Social）で以下のように述べている。

Mystery Drone sightings all over the Country. Can this really be happening without our government's knowledge. I don't think so! Let the public know, and now. Otherwise, shoot them down!!!

謎のドローンは全米で目撃されている。政府がこれについて知らないわけがない。今すぐ一般市民に説明しろ。そうでなければ撃ち落とせ！！！

ただし、米宇宙軍の関係筋は「このドローン騒動は、アメリカに対する攻撃や侵略などではなく、ただのパフォーマンスだ」と話している。

【国際社会の変化】

他にも「何かとんでもない事」が起きるサインは数多く見受けられる。たとえば、12月4日に国連安保理の常任理事5ヵ国（アメリカ・イギリス・ロシア・中国・フランス）がドバイに集まり、非公開の緊急会議を行っている。ロシア国営のタス通信によると、会議は中国が議長国となり、主に「核戦争の回避」について話し合われたという。

https://tass.com/pressreview/1886239

これについて米軍筋は「ハザールマフィアらの核戦争勃発に向けた動きを阻止するために、核保有国である国連常任理事5ヵ国が招集された……」と話している。

実際、ＣＩＡ筋は「最近も韓国のキム・ヨンヒョン（金龍顕）前国防相が北朝鮮をドローンで攻撃し、核戦争の勃発を画策していた」と伝えている。ちなみに、キム・ヨンヒョンが北朝鮮への攻撃命令を出していたことは すでに韓国の議員からも証言が出ている。

https://www.nknews.org/2024/12/seouls-ex-defense-chief-ordered-north-korea-drone-incursion-lawmaker-claims

ただ、北朝鮮側はその攻撃が全面核戦争を引き起こすための工作であることが分かっていたため、戦争は起きなかった。その後、韓国で起きた「非常戒厳」の騒動は、北朝鮮と戦争状態になることを想定して宣言されたものだったが、結局は失敗に終わっている。

しかし、それが失敗に終わると、今度はフロリダに本拠を置く〝偽トランプ〟が「イランの核兵器開発を阻止するため、先制攻撃を含む選択肢を検討中だ……」などと言い出した。これを受けて、マスコミは「イランが、ついに核兵器開発を急ぐのではないか……」との論調で さっそく騒いでいる。

https://www.timesofisrael.com/trump-said-weighing-options-to-stop-iran-going-nuclear-including-preemptive-strikes

思い返すと、ハザールマフィアが管理する大手マスコミは30年以上も昔から「イランがあと数ヶ月で核兵器の開発に成功する、それを止めるために早く攻撃しなければ……」と騒ぎ立て、戦争を煽ろうとしてきた。しかし今の国際社会において、その論調（＝プロパガンダ）はもはや嘲笑の的でしかない。

【欧米体制の変化】

こうして今、ハザールマフィアは謎のドローンを飛ばしたり、第3次世界大戦の勃発を狙って北朝鮮やイランを挑発したりして、必死で抵抗を試みている。完全にパニック状態だ。というのも、トランプがＦＢＩ長官に指名したカシュ・パテル（Kash Patel）が、就任後に直ちに標的にする予定の人物60名のリストをすでに発表しているからだ。

そのリストには、ジョー・バイデン大統領やロイド・オースティン国防長官、ヒラリー・クリントン、元統合参謀本部議長のマーク・ミリー……など、超大物ばかりが名を連ねている。リストの全容は以下ＵＲＬをご確認いただきたい。

https://wokespy.com/incoming-fbi-director-kash-patel-releases-60-deep-state-names-hes-going-after/?utm_campaign=WokeSpy+Social+Sharing&utm_medium=facebook&utm_source=socialnetwork&fbclid=IwY2xjawHFKdRleHRuA2FlbQIxMQABHe-8pL9ReTriSblLsTQ48k4Y0iBjamlM68zPzA3uAYgwEGX8VblmBgM7fw_aem_r33_HyT2mJPRe9Ac9yetEg

米軍筋によると、場合によっては全部で70万人の悪魔崇拝者が「生け贄として子供を殺害した罪」で逮捕されるという。となると、その70万人はあらゆる手段を講じて抵抗し、是が非でも追及から逃れようとするだろう。やはりトランプ政権が発足する1月20日までは注意が必要だ。

また、そうした不穏な動きがあると同時にトランプ就任後の欧米体制の交渉も着々と進められている。たとえばハザールマフィアの長老の1人であるジャン・ミシェル・ド・ロスチャイルド（＝ブリジット・マクロン）の側近によると、現在はフランス権力の中枢に空白が生じていることから、ロスチャイルドは今の体制を少なくとも2月か3月頃までは維持したいと考えているようだ。ただ、その後は適切な手順でフランスの新しい大統領と体制が発表される予定だという。以下のニュース報道は、フランス新体制に向けた準備の一環である。

フランスのマクロン大統領は、内閣不信任決議案の可決を受けて辞職したバルニエ首相の後任に、ベテランの政治家で、与党連合の一角を占める中道政党の党首のバイル氏を任命しました。フランスでは今年、首相が3回替わる異例の事態で、今後も難しい政権運営が続く見込みです。……

（https://www3.nhk.or.jp/news/html/20241213/k10014667731000.html）

＊＊＊

今回の選挙はまさに普通の選挙ではなかった。

11月5日に起きたことには大きな意味があると思う。なぜなら、１６０５年の11月5日に、イギリスの両議会を爆破する陰謀事件（火薬陰謀事件）があった。その陰謀の首謀

者の面がQアノンやアノニマスで定着したあのマスクになっている。いまだに、イギリスの子供たちは、

Remember, remember, the 5th of November

のリフレインを唱える。この火薬陰謀事件は、当時のすべての世界を爆破しようという発想から起こされたもので、格別のインパクトがあった事件だ。そして、今回の選挙はまさにそういう結果を招いたのではないか。旧体制が完全に爆破されてまったく違うものが生まれようとする、まさにそういう革命の実現としての今回の選挙結果だったと言えると思う。

２０２４年12月18日

ベンジャミン・フルフォード

■著者プロフィール

副島隆彦（そえじま たかひこ）

評論家。副島国家戦略研究所（SNSI）主宰。1953年、福岡県生まれ。早稲田大学法学部卒業。外資系銀行員、予備校講師、常葉学園大学教授等を歴任。主著に『世界覇権国アメリカを動かす政治家と知識人たち』（講談社＋α文庫）、『決定版 属国 日本論』（PHP研究所）、近著に『教養としてのヨーロッパの王と大思想家たちの真実』（秀和システム）、『米国債の巨額踏み倒しで金融統制が来る』（徳間書店）、『トランプ勢力の徹底抗戦でアメリカの国家分裂は進む』（祥伝社）他、著書多数。

ベンジャミン・フルフォード（Benjamin Fulford）

1961年カナダ生まれ。ジャーナリスト。上智大学比較文学科を経て、カナダのブリティシュ・コロンビア大学卒業。米経済紙『フォーブス』の元アジア太平洋支局長。主な著書に『日本がアルゼンチン・タンゴを踊る日』『ヤクザ・リセッション』（以上、光文社）、『世界革命前夜』（秀和システム）、『もしトランプが米大統領に復活したら』（宝島社）、『アメリカ帝国消滅後の世界』（秀和システム）、『再起動する世界経済』（清談社Publico）他多数。

宇宙通信戦争《スペイス・アイティー・ウォー》で勝利《しょうり》したトランプ革命《かくめい》
今《いま》、アメリカで起《お》きている本当《ほんとう》のことⅡ《に》

発行日　2025年　1月28日　第1版第1刷
　　　　2025年　3月12日　第1版第2刷

著　者　副島《そえじま》　隆彦《たかひこ》
　　　　ベンジャミン・フルフォード

発行者　斉藤　和邦
発行所　株式会社　秀和システム
〒135-0016
東京都江東区東陽2-4-2　新宮ビル2F
Tel 03-6264-3105（販売）Fax 03-6264-3094
印刷所　三松堂印刷株式会社　Printed in Japan

ISBN978-4-7980-7403-0 C0095

定価はカバーに表示してあります。
乱丁本・落丁本はお取りかえいたします。
本書に関するご質問については、ご質問の内容と住所、氏名、電話番号を明記のうえ、当社編集部宛FAXまたは書面にてお送りください。お電話によるご質問は受け付けておりませんのであらかじめご了承ください。